I en tid av allt fler och snabbare interaktioner är det kanske extra viktigt att reflektera över sina egna beteenden och drivkrafter. Både för att förstå sig själv men också för att förstå hur mina beteenden kan påverka andra. Jag hoppas att denna bok kan hjälpa dig att göra just detta. Min ambition är att du också ska kunna göra dessa reflektioner utan att värdera dig själv som bra eller dålig, rätt eller fel. Att hävda att det inte finns något rätt och fel utan bara det som fungerar eller inte, är en syn som har sina rötter i den filosofiska rörelsen pragmatism. Själv landade jag i det förhållningssättet någon gång i mitten på 90-talet när jag läste idrottspsykologi på universitetet i Örebro. För mig blev det användbart att utgå från att en "sanning" mer bestäms av dess praktiska effektivitet och användbarhet, än av dess överensstämmelse med en så kallad "objektiv" verklighet. Givetvis blir det kontroversiellt att utgå från att det inte finns något rätt eller fel när det gäller moraliska frågor. Det är klart att det finns det som värderats som rätt och fel i ett rättssystem, men i boken blir det mindre relevant att diskutera. Jag vill istället hjälpa dig att fokusera på att identifiera vilka beteenden som är mest effektiva och lämpliga att använda för att uppnå det du vill.

Jag vill poängtera att denna bok inte hade existerat om jag inte hade haft möjligheten att träffa och arbeta med en massa intressanta människor. Jag vill därför sända ett tack till alla som jag mött under alla år som konsult och coach. Alla som genom sina reflektioner och på andra sätt varit med och bidragit till grundidén och innehållet i denna bok.

Ett extra stort tack till min son som ofta hjälper mig att reflektera över mitt eget beteende i papparollen, fast han själv kanske inte alltid tänker på det. Barn (läs ung man numer när det gäller min son) är utomordentliga "feedbackmaskiner", men bara om en tar sig tid att lyssna till dem. Till sist ett stort tack till min fru som alltid finns där och med en god balans stöttar och utmanar mitt sätt att tänka och agera.

Lars Sjödin
Valhallavägen 128
114 41 Stockholm

Lars Sjödin

DISCOLOGI

Att hitta sig själv utan att ta det personligt!

Korrekturläsning: Maria Lindgren, IA korrektur och översättning
Förlag: BoD · Books on Demand, Östermalmstorg 1,
114 42 Stockholm, bod@bod.se
Tryck: Libri Plureos GmbH, Friedensallee 273, 22763 Hamburg,
Tyskland
ISBN: 978-91-7851-926-2

INNEHÅLL

INTRODUKTION

Allt vi hör är åsikter och allt vi ser är perspektiv, inte sanningen.
Marcus Aurelius

Jag hade skrivit färdigt … Ja, jag var säker på det, definitivt! För ett par år sedan, precis när jag hade avslutat redigerandet av den andra upplagan av boken *Beteendet framför allt,* kände jag mig ganska mätt. "Inget mer skriva för mig på ett tag", var min första tanke "och om jag mot förmodan ska skriva något, ska det i alla fall inte vara något kopplat till DISC-modellen"[1]. Med tanke på att jag tidigare skrivit två böcker med utgångspunkt i just DISC-modellen, kände jag också att det mesta av det jag ville förmedla omkring modellen redan var sagt. Men eftersom du nu sitter med den här boken framför dig, ändrade jag mig uppenbarligen. Så vad hände? Jag hade ändå bestämt mig …

Ungefär vid samma tidpunkt som jag bestämt mig blossade det också upp en hel del diskussioner om just DISC. Både i tidningar och på sociala medier fördes en del heta diskussioner omkring fenomenet. Eftersom jag gillar när människor har olika uppfattningar välkomnar jag för det mesta en het diskussion. Dessutom tycker jag att det är extra intressant med diskussioner omkring mänskligt beteende. Dels eftersom mycket av mitt arbete består av att studera och arbeta med människors beteende och dels på grund av att det varken finns forskning med ett entydigt resultat eller en enskild teori som kan förklara det mänskliga beteendet fullt ut. Det finns snarare massor av olika förklaringar och teorier och de bidrar med olika saker till det evighetspussel som vi kallar mänskligt beteende och personlighet. Många av de beskrivande modellerna är hjälpsamma som reflektionsmodeller, både för att förstå sitt eget och andras beteende. Men de ger som sagt ingen heltäckande förklaring av vår per-

---

[1] Om du inte känner till *DISC-modellen* sedan tidigare, är det enkelt beskrivet en modell som illustrerar likheter och olikheter i vårt sätt att bete oss och kommunicera. Den används över hela världen för att förklara mänskligt beteende och kommunikation. Du kan läsa mer om den och dess ursprung i kapitlet Meningslösa färganalyser.

sonlighet. Idag tycks det dock finnas en del bevis för att den så kallade *Big Five-teorin*[2] har ett visst empiriskt stöd inom personlighetspsykologin. Men att säga att den beskriver hela vår personlighet är nog att ta i, eller faktiskt rent av felaktigt.

De flesta som intresserar sig för mänskligt beteende har sina egna favoritteorier, förklaringsmodeller som för dem är mer träffande och hjälpsamma än andra. För mig har teorin bakom och användningen av *DISC*[3] varit en sådan. Det betyder inte att jag är ointresserad av andra modeller eller teorier, snarare tvärtom. Jag finner stor glädje i att filtrera eller spegla människors beteende även genom andra modeller, som exempelvis *MBTI*[4] och *Enneagram*[5]. Jag anser att så länge vi inte försöker förklara allt med en enskild teori, finns det troligen något att lära av de flesta teorier som överlevt tidens tand.

Nåväl, tillbaka till de heta diskussionerna om DISC-teorin. Med en förhoppning om att få ta del av människors olika uppfattningar och egna erfarenheter av DISC, började jag läsa en del av de inlägg som gjordes

---

[2] *Big Five* är en personlighetsteori utvecklad från traitteorin och har sin utgångspunkt i att människors personligheter har fem urskiljbara och universella drag. Big Five-teorin särskiljer fem faktorer som styr dessa drag som anses vara centrala för en människas personlighet. De fem faktorerna är Openness (öppenhet) Conscientiousness (samvetsgrannhet) Extraversion (extraversion) Agreeableness (vänlighet) Neuroticism (emotionell stabilitet).

[3] *DISC*-modellen gör inte anspråk på att beskriva en människas personlighet, utan snarare hur en den kan respondera i en given situation beroende på hur personen ser sig själv och sin omgivning. Längre fram i kapitlet kan du läsa mer om modellen och dess bakgrund.

[4] *MBTI* (Myers-Briggs Type Indicator) är ett av världens mest använda personlighetstest. Testet framställdes under 1900-talet av Isabell Myers och hennes mor, Katherine C. Briggs. Testet bygger på Carl Gustav Jungs teorier om psykologiska typer och mäter mänskligt beteende utifrån fyra grundparametrar. Det är ett instrument för självkännedom och personlig utveckling och för att visa hur skillnaderna mellan människor kan tas tillvara.

[5] *Enneagram* är en modell som illustrerar mänskligt beteende i nio olika personlighetstyper. Själva teorin söker svar på varför vi gör som vi gör, varför vi utvecklat våra beteende- och tankemönster samt försvar. Enneagrammets olika typbeskrivningar redovisar den strategi, byggd på värderingar och övertygelser, som varje typ väljer att möta sin omvärld genom.

på bland annat LinkedIn. Min förutfattade mening om att diskussioner i den typen av forum, till skillnad från till exempel Twitter, skulle kunna bidra med perspektiv och intressanta infallsvinklar på ämnet blev dessvärre inte mer än en förhoppning. Jag blev snabbt medveten om att även dessa diskussioner sällan var särskilt givande. Inte på grund av att människor har olika åsikter, utan för att de flesta av dem som kritiserade egentligen inte var särskilt intresserade av att ha en dialog eller ens en diskussion. I verkligheten blev de flesta potentiella diskussioner istället debatter där det mer verkade vara intressant att "pissa revir" på olika sätt och av olika anledningar. Ungefär som de flesta människor också gör på Twitter, fast på LinkedIn skedde det med något större "urinblåsa". Utifrån mitt perspektiv blev diskussionerna därför tämligen ointressanta, framförallt av tre stora anledningar:

1. Många av dem som starkt kritiserade verkade ha en helt annan uppfattning om hur DISC-modellen används i verkligheten och hade dessutom själva ingen erfarenhet av att använda den i praktiken.

2. Flera buntade ihop upphovsmannens gamla 1920-talsteori (som de flesta tyvärr inte heller hade bemödat sig att läsa) med boken *Omgiven av idioter* och DISC-instrumentens rapporter i samma kritik.

3. Några av de största kritikerna hade själva andra instrument och modeller de istället ville framhäva.

Faktum var att dessa diskussioner, mer värda namnet debatter eller till och med monologer, blev en av de främsta anledningarna till att jag bestämde mig för att skriva ytterligare en bok med DISC som huvudtema. Jag ville dock göra det utan att behöva "pissa revir" eller ge mig in i en debatt om rätt och fel. Med den ambitionen tänkte jag att det kanske finns ett värde att i bokform få förklara hur jag anser att en modell som exempelvis DISC kan användas på ett givande sätt för självutveckling. Ja, jag skriver "exempelvis DISC" eftersom det inte är själva modellen som är det centrala. Innehållet handlar på en mer övergripande nivå om hur jag tänker att människor konstruktivt kan använda den information som ett självskattningsinstrument kan ge.

En annan stor anledningen till att jag valde att skriva boken var att jag under många år, närmare bestämt sedan 2002, använt DISC som ett utvecklingsverktyg för till exempel coachklienter och ledare jag genomfört utbildningar för. Under alla dessa år har jag systematiskt följt upp många av dem jag arbetat med, både under och efter avslutat arbete. Det har alltid legat i mitt intresse att få ta del av deras insikter och lärdomar samt hur de gjort för att hantera de utmaningar de stått inför kopplat till deras naturliga beteendemönster. Av alla berättelser, insikter och lärdomar har jag i denna bok valt ut en del för att belysa hur människor faktiskt gjort i verkligheten; både hur de reflekterat och agerat med de insikter de fått oavsett om de gjort ett test, en profilering eller någon annan form av analys av sitt beteende eller inte.

Och slutligen, den tredje stora anledningen till varför jag valde att skriva en bok till med DISC som ett huvudsakligt tema var att visa på en av modellens huvudsakliga intentioner (åtminstone som jag ser det), det vill säga att förstå sina egna och andras beteendepreferenser. Att det i sin tur sedan kan hjälpa till att utveckla sina relationer till andra människor har jag skrivit mer om i boken *DISC - en stilstudie av beteenden, kommunikation och påverkanspsykologi*. Men det är som sagt inte huvudtemat här. Jag påstår inte att innehållet i denna bok är en uttömmande guide för att leda och förstå dig själv i varenda situation. Istället vill jag erbjuda dig ett par förklaringsmodeller för att hjälpa dig att reflektera över några typiska beteendemönster som människor, kanske även du, kan ha. Tycker du att det är tramsigt och ovetenskapligt att använda bokstäver eller färger som metaforer, använd något annat. Det viktiga är inte att kalla det för DISC eller att benämna beteenden i färger. Det viktiga är att du gör en självreflektion och bestämmer dig för hur, eller om, du sedan vill använda informationen den ger dig.

Varför det blev DISCOLOGI

"Ska du verkligen kalla boken *DISCOLOGI*?" var nog en av de vanligaste frågorna jag fick när jag berättade för folk att jag börjat skriva på den bok du nu har framför dig. Jobbigt att bli ifrågasatt? Förvisso men samtidigt skulle jag också beskriva mig som en person som ofta, ibland trots avrådan från andra, brukar genomföra det jag tänkt. Jag har dock genom åren blivit betydligt bättre på att ta till mig feedback, använda teoretiska modeller och den insikt jag fått av självskattningar. Framförallt har jag blivit bättre på att ta vara på andras värdefulla åsikter för att reflektera över mitt eget sätt att tänka. Det gäller i synnerhet när jag inte känner mig helt säker på vad jag vill göra, om ens något. Men jag är också övertygad om att när jag har en stark inre motivation att göra något speciellt, ska jag göra det.

Det kommer alltid att finnas kritiker som av olika anledningar inte vill att du ska göra något eller göra något annat än du själv vill. Men så länge du vet varför du vill och känner dig motiverad att göra så, ska du göra det. Det är i alla fall min tes. Så, trots ifrågasättande och en del skepticism, stod jag alltså kvar i mitt val att kalla boken *DISCOLOGI*.

"Men det är sådan turbulens omkring det där med DISC och det där med färger … Folk är negativt inställda." Jag frågade nästan alltid tillbaka: "Vilka är folk?" och "Vad då det där med färger?" Ibland visste jag dock vad den som frågade menade eftersom hen vurmade för andra teorier och modeller, vilket gjorde det relativt uppenbart var kritiken både hade sitt ursprung och syfte. "Ja men på LinkedIn …" eller … "i kvällstidningen stod det faktiskt…", "och han den där som skrev den där boken *Omgiven av idioter* blev utsedd till årets förvillare av någon instans." Ibland replikerade jag likt en "frågekulspruta": "Okej, jag hör vad du säger, men … har du pratat med någon som använt DISC som reflektionsverktyg? Vet du någon som arbetat med DISC som en modell för att se likheter och olikheter i beteende och kommunikation hos olika individer? Någon som alltså inte använt eller tror att DISC är ett urvalsverktyg som gör anspråk på att värdera människor som bra eller dåliga eller mäta djupa variabler i en individs personlighet? "Vet du om den som uttalat sig vet skillnaden mellan boken *Omgiven av idioter*, den gamla 1920-tals teorin och dagens DISC-instrument?" "Vad har du själv för erfarenhet av att använda DISC?"

"Ehh va … ?" var ett inte helt ovanligt svar jag fick då jag stundtals försvarade mig, mot det jag uppfattade vara en ogenomtänkt kritiker, eller rent av en onyanserad cyniker.

Men att diskussionerna och kritiken stundtals var onyanserad, har vi redan behandlat och vi lägger därför inte mer fokus på det här. Låt oss istället reflektera över den beteendemässiga reaktion, det vill säga att diskutera som om det vore på liv och död då jag upplever mig ifrågasatt, som exempelvis dessa diskussioner kunde framkalla. Faktum är att just den typen av reaktion är något jag lärt mig att både notera och hantera med hjälp av olika verktyg och reflektionsmodeller. Vi har såklart alla mer eller mindre av just den automatiska responsen. Den brukar också för de flesta bli extra tydlig om vi blir ifrågasatta kopplat till något som vi tycker är värt att försvara. Men medan denna beteendemässiga reaktion varit "automatiserad" för mig, kanske den för någon annan varit helt främmande. Någon annan kanske snarare noterat att den ofta blivit tillbakadragen och tystnat i liknande situationer, vilket naturligtvis också är en typ av försvar.

Det viktiga är emellertid inte *vilken typ* av beteendemässig reaktion du har, det viktiga är att först och främst veta *att* du har en viss reaktion. *Varför* du har den behöver heller inte alltid vara en central fråga. Du behöver inte alltid söka svaret på varför-frågan för att utveckla dig själv. Många terapeutiska insatser och forskning i allmänhet fokuserar troligen mer på att försöka besvara varför-frågan. Detta är helt naturligt eftersom syftet delvis skiljer sig från, men självklart inte behöver motsäga, syftet med göra en beteendeförändring.

För att exemplifiera vad jag menar med ovanstående, låt oss använda den automatiska reaktion jag hade när mitt val av boktitel blev ifrågasatt. Behöver jag gräva djupt i min personlighet för att förstå och förändra min reaktion? Troligtvis inte. Ibland kanske jag måste, om jag till exempel har djupa psykologiska sår eller om jag har ett *patologiskt beteende*[6]. Men för det mesta, om det inte gäller patologiska beteenden, är det troligen fullt möjligt att förändra ett oönskat beteende utan terapeutiska insatser. Det första steget är emellertid alltid att notera ett oönskat beteende. Det är svårt att förändra något som vi själva inte kan, eller kanske vill, se.

En enkel reflektionsmodell kan vara till stor hjälp för att både synliggöra och förändra det oönskade beteendet. Kommer det att hjälpa i alla situationer? Sannolikt inte, men betydligt oftare än om jag inte hade reflekterat. En teori eller modell gör det lättare att se ditt eget beteende utifrån, vilket ger dig en chans att reflektera över det som är svårt att upptäcka inifrån. Vi kan förändra våra oönskade beteenden och med hjälp av teorier och modeller ges vi en chans att notera, förklara och förstå för att kunna förändra och hantera på ett bättre sätt.

Ovanstående insikt kommer att återkomma som en röd tråd genom hela boken. Dels för att påminna om att denna bok inte ger dig svar på allt du vill veta om mänskligt beteende och dels för att påminna dig om att du på bästa sätt tillgodogör dig innehållet genom att vara sunt ifrågasättande och samtidigt öppen för att se den enkelhet som ibland kan ligga bakom det komplexa.

---

[6] *Patologiskt beteende* kan sägas vara beteendemönster som yttrar sig på ett sätt och till så hög grad att det anses vara ett tecken på psykisk ohälsa.

Själva innehållet

I den här boken får du möjlighet att granska ditt beteende utifrån vissa givna principer. Det innebär naturligtvis att det också finns andra sätt att betrakta beteende, även om de inte beskrivs i denna bok. Det är viktigt att redan nu betona att syftet med bokens teoretiska tillvägagångssätt inte är att kategorisera människor i stereotyper eller att beskriva personligheter. Däremot är den till för att tillhandahålla ett reflektionsmaterial för dig omkring dina vanemässiga beteenden.

Det jag kommer att dela med mig av till dig kommer från många års arbete med individer och grupper. Det handlar om vad jag i många fall har upplevt i mitt arbete och de slutsatser jag dragit från detta. Jag kommer inte att hävda att det finns vetenskapliga bevis för allt jag skriver. Istället har jag genom förenklade men applicerbara förklaringar försökt fånga mina och andras upplevelser och lärdomar av mänskligt beteende. De flesta av mina beskrivningar är enkla och generella i ett försök att ge dig något som du kan relatera till även om beskrivningen inte exakt passar in i ett exempel från din tillvaro.

Jag har inte för avsikt att tala om för dig vad som är rätt eller fel, inte heller vad som kommer fungera eller inte i din unika situation. Du behöver själv fortsätta vara expert på din egen tillvaro, för det kan jag aldrig bli. Om jag däremot, med bokens innehåll, kan inspirera dig att börja (eller fortsätta) att reflektera över dina egna beteenden, oavsett om du vill förändra, förädla eller förstärka dem, har jag nått mitt mål.

Boken har ett inledande kapitel och det har du troligen just läst den största delen av, åtminstone om du inte tillhör dem som helst hoppar över inledningen för att otåligt komma igång med det de anser vara det "väsentliga". Om du precis har läst inledningen, kanske du också har noterat att det huvudsaklig syftet med den har varit att ge en bakgrund till varför denna bok överhuvudtaget existerar. Men efter inledningen finns det, i denna andra upplaga, sju kapitel som har följande huvudsakliga innehåll:

I det första kapitlet *Varför-frågan* har jag för avsikt att på ett förenklat sätt besvara den fråga som resten av boken inte avser svara på - varför vi är som vi är.

I det andra kapitlet *Meningslösa färganalyser belyser* jag vad DISC är och inte är samt bakgrunden till den välanvända modellen.

Det tredje kapitlet *Inre styrsystem* tar upp de inre drivkrafter som både medvetet och undermedvetet formar synen på dig själv och vad som driver dina aktioner.

Det fjärde kapitlet *Du är den du är* låter dig reflektera omkring dina kärnkvalitéer och varför vissa beteenden är svårare att förändra än andra.

Det femte kapitlet *Autopiloten* beskriver hur du kan använda DISC-teorin som reflektionsmodell för att öka din beteendeflexibilitet.

Det sjätte kapitlet *Typiskt men inte personligt* beskriver ett antal knipor din autopilot kan försätta dig i och hur du kan koppla ur den för att styra dig själv manuellt.

I det sjunde och avslutande kapitlet *Du 2.0* ligger tonvikten på förändring och utveckling av dina naturliga beteendemönster … och varför det kan vara så svårt att "lära gamla hundar sitta".

Med detta sagt önskar jag dig härmed välkommen att reflektera över dig själv och ditt beteende … utan att ta det personligt!

VARFÖR-FRÅGAN

Why is there something rather than nothing?

Gottfried Wilhelm Leibniz

Den eviga frågan: Varför är vi som vi är? Människan har alltid fascinerats av frågan *varför*. Varför lyser stjärnorna? Varför blåser vinden? Och framför allt – varför är vi som vi är? Den här frågan har förmodligen varit med oss sedan den första gnistan av självreflektion tändes i vårt medvetande. När vi började blicka inåt och undra vad som driver våra tankar, känslor och handlingar.

Att förstå oss själva har aldrig bara varit en intellektuell övning, det är en fråga djupt rotad i vår existens. Vi söker mening i våra mönster och beteenden, försöker hitta förklaringar till våra styrkor och svagheter. Men framförallt funderar vi på varför vi reagerar som vi gör. Det är som om vi alla bär på en inre karta som vi ständigt försöker tyda, en karta som visar vägen till förståelsen av vårt eget jag.

I alla tider har vi letat efter svar. Filosofin har försökt definiera människans natur, psykologin har kartlagt vårt inre liv och neurovetenskapen har utforskat våra hjärnors mysterier. Men det är inte bara i vetenskapens värld som varför-frågan lever. Den lever i allra högsta grad också i våra vardagssamtal, i våra dagböcker och i de tysta stunderna när vi betraktar oss själva i spegeln.

Men om du som läsare hoppas att den här boken ska ge dig det definitiva svaret på varför du är som du är, vill jag vara ärlig redan nu: du kommer att bli besviken. Den frågan är för komplex, för mångfacetterad och för individuell för att kunna få ett enkelt svar på. Vår personlighet, våra preferenser och våra mönster formas av en väv av faktorer – biologi, uppväxt, erfarenheter, värderingar och mycket mer. Denna bok kommer som tidigare sagts inte att ge dig en universell förklaring till varför du är som du är. Dock måste jag erkänna att det känns nästan omöjligt att skriva en bok, som är tänkt som ett verktyg för självreflektion, utan att beröra varför-frågan. Att förstå oss själva handlar inte bara om vad vi gör eller hur vi beter oss, utan också om att känna till bakgrunden till våra mönster. Därför kommer vi här att utforska några av de faktorer som bidrar till att forma oss, inte för att ge ett slutgiltigt svar, utan för att ge ett sammanhang.

När vi har tittat närmare på detta, flyttar vi fokus från varför till hur. Hur vi kan uppmärksamma våra naturliga preferenser. Hur vi kan förstärka de sidor som får oss att lyckas och hur kan vi förändra de mönster som begränsar oss. För oavsett varför vi är som vi är, har vi alltid möjligheten att påverka hur vi väljer att vara framåt.

Det andra överför

De första åren av våra liv är som att gå i en trädgård där andra redan har planterat frön. Våra föräldrar, vårdnadshavare eller andra vuxna i vår närhet formar våra första upplevelser av världen. Genom deras ord, tonfall och handlingar lär vi oss vad som är rätt och fel, vad som skapar trygghet och vad som bör undvikas.

Om vi som barn blir bekräftade för att vara lydiga och lugna, lär vi oss att dessa egenskaper ger oss kärlek och trygghet. Om vi däremot får mest uppmärksamhet när vi presterar, kanske vi börjar tro att vårt värde ligger i vad vi gör snarare än i vilka vi är.

Det är här våra grundläggande mönster börjar formas, inte genom medvetna val, utan genom repetition. Ett barn som ständigt får höra "du är så duktig" när det hjälper till med hushållsarbetet kan utveckla en identitet som "den hjälpsamme". Ett annat barn, som ofta uppmuntras att tala högt och ta plats, kan växa upp med en naturlig självklarhet i att leda andra. Dessa tidiga mönster är så subtila att de kan kännas som en del av vår personlighet, men i själva verket är de till största delen resultatet av uppfostran och social inlärning.

Det vi ser som belönande

Hjärnan är byggd för att förenkla vår vardag och skapa automatiska beteenden genom belöning och förstärkning. När vi gör något som känns bra – oavsett om det handlar om att lösa ett problem, få ett erkännande eller hjälpa någon annan – frigör hjärnan dopamin, en signalsubstans som skapar en känsla av glädje och tillfredsställelse. Detta belöningssystem är evolutionärt utformat för att uppmuntra oss att göra sådant som ökar våra chanser att överleva och må bra.

Tänk på en gång när du presterade väl i skolan eller på jobbet och fick beröm. Känslan av stolthet och glädje registrerades av din hjärna och den antecknade: Det här är något som fungerar – gör det igen!. Ju oftare detta händer, desto mer automatiskt blir beteendet. Mönstret tar form, och vi börjar gå samma väg utan att tänka på det.

Men hjärnans belöningssystem är inte alltid vår vän. Om vi exempelvis får bekräftelse för att alltid säga ja till andra, kanske vi utvecklar ett mönster där vi prioriterar andras behov framför våra egna – något som kan leda till utbrändhet i längden. Att förstå hur hjärnan förstärker våra vanor är en nyckel till att bryta destruktiva mönster och skapa nya, mer hållbara vägar.

Det vi tycker är viktigt

Det som motiverar oss är lika unikt som våra fingeravtryck. En person som drivs av att skapa trygghet för sin familj kommer naturligt att utveckla beteenden som stödjer detta mål – kanske genom att arbeta hårt, vara stabilt närvarande, eller alltid finnas till hands. En annan person som värdesätter självförverkligande kanske strävar efter att utveckla sin kreativitet eller sin karriär och därmed formar mönster som stödjer en mer individualistisk livsstil.

Värderingar är som osynliga kompasser som pekar ut riktningen för våra beteenden. Om vi värdesätter ärlighet, kanske vi blir kända för att alltid säga sanningen, även när det är obekvämt. Om vi värdesätter frihet, kan vi utveckla en vana att undvika situationer som känns begränsande. Dessa val känns ofta så naturliga att vi inte ens tänker på dem som val – de är bara "hur vi är".

Men värderingar och motivation är inte statiska. De förändras med tiden och påverkas av livserfarenheter. En person som tidigare motiverades av av att göra karriär kanske upptäcker att familjen blir viktigare efter att ha fått barn. Att regelbundet reflektera över våra värderingar hjälper oss att förstå varför vi gör som vi gör och om vi är på rätt väg.

Där vi befinner oss

Vi är aldrig isolerade från vår omgivning. Från den familj vi föds in i till den arbetsplats vi tillhör, påverkas vi konstant av de normer och förväntningar som råder runt omkring oss. Om du växer upp i en miljö där prestation är högt värderat, kanske du utvecklar en stark drivkraft att alltid prestera på topp. Om du istället växer upp i en kultur där gemenskap och harmoni är centrala, kanske du lär dig att prioritera relationer framför individuella mål.

Miljöer kan också förstärka vissa beteenden. En person som är naturligt utåtriktad kanske blommar i en social arbetsmiljö, medan samma person kan känna sig hämmad i en hierarkisk organisation där initiativ inte uppmuntras. Detta innebär att våra naturliga mönster inte bara är ett resultat av vårt inre liv, utan också av yttre förväntningar och krav.

Genom att bli medvetna om hur vårt sammanhang påverkar oss kan vi börja välja var vi vill vara och vilken typ av miljö vi bäst trivs i. Det betyder dock inte att miljöer som vi inte trivs i per automatik är negativa. Det kanske är just dessa miljöer som utvecklar oss mest eftersom de hjälper oss att kliva ur våra mest komfortabla beteenden.

De vi ser upp till

Förebilder är som osynliga arkitekter som hjälper oss att bygga våra beteendemönster. Ofta är vi inte ens medvetna om hur mycket vi påverkas av de människor vi ser upp till. En vänlig lärare kan till exempel inspirera oss att bli mer empatiska, medan en karismatisk chef kan få oss att vilja utveckla vår ledarskapsförmåga.

Men förebilder är inte alltid positiva. Om vi växer upp med någon som är kritisk och dömande, kan vi börja spegla detta beteende mot oss själva eller mot andra. Vi bär med oss dessa influenser, ofta omedvetet, och de formar våra mönster lika mycket som våra egna erfarenheter.

Att identifiera våra förebilder och deras påverkan på oss är en viktig del av att förstå våra beteenden. Vem har vi lärt oss av? Vilka mönster vill vi behålla och vilka vill vi förändra?

Det vi är bra på

Det vi är bra på tenderar vi att göra mer av, om och om igen. Framgång föder trygghet och trygghet föder repetition. Om du exempelvis är duktig på att organisera och strukturera, kanske du utvecklar ett naturligt mönster att ta ansvar för planering både på jobbet och hemma.

Men vår kompetens kan också bli en fälla. Om vi alltid får uppskattning för att vara problemlösare, kanske vi börjar känna att vi måste lösa alla problem – även när det inte är vårt ansvar. Detta kan leda till överbelastning och stress.

Att reflektera över våra styrkor och hur de påverkar våra beteenden är ett sätt att balansera våra mönster. Vad gör vi för att vi är bra på det och vad gör vi för att det verkligen är rätt för oss?

Den biologiska dimensionen

Våra beteendemönster är inte bara ett resultat av vår uppväxt och miljö – de är också djupt rotade i vår biologi. Vår hjärna, våra gener och vårt nervsystem spelar en central roll i hur vi reagerar på världen omkring oss. Vi föds med unika biologiska förutsättningar som påverkar våra preferenser, vårt temperament och hur vi ser på livet. Dessa biologiska komponenter är som grunden i ett hus. De påverkar strukturen, även om vi senare kan inreda och bygga ut på olika sätt.

Redan som spädbarn visar vi våra första tecken på temperament, den biologiskt drivna delen av vår personlighet. Vissa barn är naturligt lugna och nyfikna, medan andra är mer känsliga och lätt distraherade. Dessa tidiga drag är inte val, de är inbyggda och styrda av vårt nervsystem. Ett barn med ett känsligt nervsystem kanske snabbt reagerar på nya stimuli, medan ett annat barn med lägre känslighet kan möta nya situationer med större lugn.[7]

Denna biologiska grund fungerar som en ram för hur vi senare utvecklar våra beteendemönster. En person med ett mer extrovert temperament kanske naturligt söker social interaktion och belöning, medan någon med ett introvert temperament kan föredra reflektion och lugn.

Hjärnan är vår biologiska kommandocentral och spelar en avgörande roll i hur våra beteenden formas och förstärks. Olika delar av hjärnan, som amygdala (kopplad till rädsla och emotioner) och prefrontala cortex (kopplad till logiskt tänkande och självkontroll), arbetar tillsammans för att avgöra hur vi reagerar på en situation.

---

[7] Alexander Thomas och Stella Chess genomförde en banbrytande studie om barns temperament som publicerades 1977. Deras forskning, känd som New York Longitudinal Study, följde 133 barn från spädbarnsålder upp till vuxenlivet för att undersöka hur individuella temperament påverkar utvecklingen över tid. Deras arbete lade grunden för mycket av det vi idag vet om temperament och hur det samspelar med miljön.

Personer som har en mer aktiv amygdala kan vara mer benägna att reagera snabbt på hot eller förändringar, vilket kan leda till en försiktig och riskundvikande beteendestil. Samtidigt kan en starkare prefrontal kontroll ge en person förmågan att planera och reflektera innan de handlar. Dessa biologiska skillnader gör att vi från början är "hardwired" för att reagera olika på samma situation.[8]

Studier visar att genetiken spelar en betydande roll i hur vi utvecklar våra beteendemönster. Forskning på tvillingar har till exempel visat att vissa personlighetsdrag har en ärftlig komponent – från öppenhet för nya erfarenheter till grad av samvetsgrannhet och emotionell stabilitet.

Det betyder inte att våra gener bestämmer allt, men de skapar en grundläggande predisposition. Om du har en genetisk tendens till hög energinivå och öppenhet, kan detta förstärkas i en miljö som uppmuntrar dessa egenskaper. På samma sätt kan en genetisk benägenhet för ångest förstärkas i en otrygg miljö men dämpas i en stödjande och trygg omgivning. Dessa genetiska influenser fungerar ungefär som en tyst bakgrundsmusik som formar våra preferenser och reaktioner. Vår biologi ger oss en grund att stå på, men den är inte hela bilden. Genom att förstå våra biologiska förutsättningar – från temperament och hjärnstruktur till genetiska faktorer och stressrespons - kan vi också påverka våra mönster. Biologin är som en karta som visar våra naturliga stigar, men vi kan fortfarande välja vilka vägar vi vill ta.[9]

---

[8] Davidson et al., 2000 visar att individer med en mer aktiv amygdala är mer benägna att uppleva rädsla och oro, vilket kan påverka deras beteendestil. Samtidigt bidrar dopamin till vår motivation och påverkar hur vi söker belöningar enligt Schultz, 2016. Dessa neurologiska processer skapar en bas för våra personlighetsdrag och beteendemönster.

[9] Tvillingstudier av Bouchard & Loehlin, 2001 har visat att cirka 40–60 % av variationen i personlighetsdrag kan tillskrivas genetiska faktorer. Våra gener bestämmer inte våra beteenden, men de skapar en predisposition som påverkar hur vi reagerar på vår miljö. Benjamin et al., identifierade redan 1996 specifika gener, t.ex. DRD4-genen, kopplad till dopamin, som kan påverka egenskaper som äventyrslust och risktagande

Att kontrollera sina beteenden

Vi vet mer än någonsin om hur hjärnan fungerar, hur våra erfarenheter formar oss och hur biologiska och sociala faktorer samspelar. Men ändå känns det ibland som om vi bara skrapar på ytan av mänskligt beteende.

Det är en utmaning som fascinerar och frustrerar. Varför gör vi som vi gör, även när vi till och med vet att det inte gynnar oss? Varför fastnar vi i mönster som verkar omöjliga att bryta? Och varför är det så svårt att förstå våra egna drivkrafter, ännu svårare att förstå någon annans? Frågorna är oändliga. Svaren är ofta komplexa, fragmenterade och ibland till och med motsägelsefulla.

Men det är just denna komplexitet som gör resan så värdefull. För att förstå oss själva behöver vi inte bara nyfikenhet och mod, vi behöver också verktyg som hjälper oss att göra det svåra greppbart och det komplexa användbart i vardagen. Modeller och förenklingar spelar en avgörande roll här. De fungerar som kartor som guidar oss genom det mänskliga beteendets många lager. Även om de inte fångar hela sanningen, ger de oss strukturer att arbeta med, principer att reflektera över och språk för att bättre förstå både oss själva och andra.

Att förstå sig själv är inte en destination - det är en process, en pågående upptäcktsfärd som börjar med en enkel men kraftfull handling: självreflektion. Du behöver inte vara forskare eller expert för att lära dig mer om dig själv. Du behöver bara vara villig att använda de verktyg som finns tillgängliga, från vetenskapens insikter till praktiska modeller som DISC, eller andra liknande ramverk, för att bättre kunna navigera i ditt eget liv. Forskningen kanske aldrig helt ger oss alla svar om varför vi är som vi är, men den kan ge oss verktyg och insikter som gör det lättare att möta vardagens utmaningar. När vi vågar möta oss själva med ett öppet sinne kan vi inte bara förstå mer om våra handlingar – vi kan också börja forma dem medvetet. För även om det mänskliga beteendet är svårt att förstå, är det inte omöjligt att påverka. Modeller gör således inte världen enklare, men de gör den mer hanterbar och mer begriplig.

Våra naturliga beteendepreferenser är som autopiloten i ett flygplan. De är kraftfulla, hjälpsamma och ofta nödvändiga för att vi ska känna igen oss själva. Men precis som en autopilot behöver övervakas och justeras vid förändrade omständigheter, behöver vi bli medvetna om våra egna mönster – annars riskerar vi att de styr oss, snarare än att vi styr dem.

Om vi inte aktivt uppmärksammar och arbetar med våra naturliga preferenser kommer de att forma våra beslut och handlingar på ett sätt som kanske inte alltid gynnar oss eller våra mål. En ledare som till exempel är naturligt analytisk och detaljorienterad kan fastna i mikromanagement, medan en ledare som drivs av snabbhet och resultat riskerar att missa viktiga relationer eller långsiktiga strategier. Utan medvetenhet agerar vi utifrån våra bekvämlighetszoner och konsekvenserna blir ofta mer reaktiva snarare än strategiska.

Att sakna ett system för att hantera våra preferenser är att överlämna våra beslut och handlingar till slumpen. Det är som att sätta sig i en båt utan roder – vi driver med strömmen, styrda av yttre omständigheter och våra inre automatiska mönster. Först när vi utvecklar förmågan att identifiera våra egna beteendemönster kan vi börja välja våra svar istället för att reagera instinktivt.

Ett system för självkännedom och beteendestyrning handlar om att skapa en medvetenhet kring hur vi agerar under press, vilka mönster vi återvänder till och hur dessa påverkar vårt förhållande till andra. Det handlar också om att aktivt öva på alternativ – att våga kliva ut ur våra naturliga preferenser när situationen kräver det. För när vi väljer att ta kontroll över våra preferenser istället för att låta dem kontrollera oss, blir vi inte offer för slumpen. Vi blir medvetna, strategiska och i slutändan mer självmedvetna vilket gör att vi kan hantera både våra egna och andras reaktioner i en given situation.

Att ta kontroll över dina egna beteendemönster börjar alltid med ett första, avgörande steg: att identifiera dem. Du måste våga stanna upp och se dina egna mönster för vad de är – utan att döma, utan att rättfärdiga. Vilka återkommande beteenden har du? Vad gör du när du är pressad, när du är i konflikt eller när du försöker motivera andra? Att bli medveten om dessa mönster är som att slå på ljuset i ett mörkt rum och först då kan du se vad som behöver justeras.

Nästa steg är att hitta ursprunget. Vad är intentionen bakom ditt beteende? Våra mönster har alltid en positiv intention - ett försök att uppfylla ett behov som till exempel trygghet, kontroll, acceptans eller prestation. Om du till exempel har en tendens att undvika konflikter, kan ursprunget vara en önskan om harmoni. Om du ofta tar kommando, kan det handla om en vilja att skapa klarhet och aktion. Att förstå varför vi agerar som vi gör är avgörande för att kunna gå vidare.

Därefter behöver du definiera hur du skulle vilja hantera situationen istället. Vilket beteende skulle bättre spegla den person du vill vara? Om du i konflikter tenderar att bli defensiv, kanske du istället vill bli mer nyfiken och öppen för andras perspektiv. Om du ofta kontrollerar detaljer, kanske du vill utveckla din förmåga att visa tillit. Här handlar det om att sätta en tydlig intention för ditt nya beteende.

Det sista och viktigaste steget är att "skriva över" det gamla mönstret genom handling. Beteendeförändring sker inte genom att bara tänka eller planera – det sker genom att göra. Varje gång du agerar på ett nytt sätt, även om det känns ovant eller obekvämt, börjar du koda om ditt beteende. Hjärnan är plastisk och formar nya banor genom upprepning och erfarenhet. Det kräver mod, tålamod och självreflektion, men varje gång du väljer att ta ett nytt steg bygger du den version av dig själv som du strävar efter att bli.

Det är en process som kräver både medvetenhet och handling – att först förstå, sedan välja och till sist agera. Bara genom att kliva ur autopiloten och ta ansvar för våra egna beteenden kan vi bli ledare som inte bara reagerar på världen, utan aktivt formar den.

Här är det som är bra att komma ihåg

- Vi söker mening i våra beteenden och försöker förstå varför vi reagerar som vi gör.

- Vår personlighet är formad av en komplex väv av faktorer som biologi, uppväxt, erfarenheter och värderingar.

- Istället för att fastna i varför vi är som vi är, kan vi börja fokusera på hur vi kan uppmärksamma våra naturliga preferenser och förändra de mönster som begränsar oss.

- Våra första år präglas av den uppväxt och socialisering vi genomgår. Bekräftelse från föräldrar och vuxna formar tidiga mönster som påverkar vår identitet och våra handlingar.

- Hjärnan skapar automatiska beteenden genom belöning och förstärkning. Vad vi får erkännande för påverkar vilka beteenden vi fortsätter att upprepa.

- Våra värderingar formas över tid och påverkar våra val och handlingar, även om vi inte alltid är medvetna om det.

- Normer och förväntningar i vår familj och arbetsmiljö spelar en stor roll i hur vi utvecklar våra beteendemönster.

- Förebilder formar oss: De människor vi ser upp till, både positiva och negativa, påverkar våra beteenden och mönster. Att vara medveten om dessa influenser är viktigt för att förstå våra egna handlingar.

- Våra beteenden påverkas till stor del av vår biologi, inklusive hjärnstruktur och genetiska faktorer. Detta ger oss en grundläggande predisposition, men vi kan fortfarande påverka våra mönster genom medvetna val och erfarenheter.

MENINGSLÖSA FÄRGANALYSER

Jag skapar inte stereotyperna, jag bara noterar dem.

Russel Peters

De flesta är väldigt säkra på, att det de är övertygade om också är helt sant. "Jaså du har gjort en sådan där färganalys? Helt ovetenskaplig och helt meningslös i så fall." Kanske har du hört den kommentaren förr, kanske inte. Oavsett, kan vi konstatera att vi ofta letar efter den sanning som passar oss bäst utifrån våra tidigare upplevelser, övertygelser och värderingar.

En religiöst troende människa kommer att förklara universums uppkomst med en stark övertygelse om vad som är sant och inte. Det kommer också en ateist att göra. Men även om de har lika starka övertygelser om vad som är sant och inte, kommer deras förklaringar sannolikt att skilja åt på grund av de olika bevis de finner för sin egen sanning.

Det är mycket lätt att utveckla en kategorisk attityd som innebär att snabbt antingen "hissa" och "dissa", alltså ta ställning för eller emot någonting, oavsett vad det är. Skälen till varför människor gör det, kan vara många. Men det är egentligen inte särskilt uppseendeväckande eller oväntat.

Vi har alla ett behov av att tänka "rätt" och "fel", "bra" eller "dåligt" om saker och ting. Det är ett högst relevant sätt att förklara och förstå vår omvärld. Ett problem som dock uppstår när vi hårdnackat bestämmer oss för det ena eller det andra är att vi endast letar bevis för vår egen tes. Med den inställningen spelar det ingen större roll om vi får bevis för en motsatt "sanning" till vår egen. Det viktigaste blir då att försvara vår egen utgångspunkt istället för att se möjligheter att vidga det egna perspektivet.

Från låst stereotyp till givande reflektion

Vid ett tillfälle sa en person: "Att arbeta med DISC är lika smart som att utgå från att jorden är platt." Och det låter inte särskilt klokt att gå omkring och utgå från att jorden är platt, det får man nog hålla med om. Kanske är kommentaren till och med lite underförstått "har vi inte kommit längre än så?" Men visst har vi det. Vi vet att jorden inte är platt och visst kan det vara bra att veta det, men frågan är om det är nödvändigt att fokusera på att jorden inte är platt när jag går på plan mark, eller kan det rent av vara en fördel att jag förhåller mig till att den mark jag går på just nu är relativt platt?

När vi möter en person sänder hen ut en mängd olika signaler, både genom sitt sätt att kommunicera och sitt sätt att agera. DISC-modellen hjälper till att sortera alla dessa signaler och uppmärksamma de behov som uttrycks genom dessa. På liknande sätt kan du också använda DISC-modellen för att sortera ut och tolka ditt eget agerande i olika situationer. Ditt beteende är nämligen inte särskilt slumpartat, det är faktiskt rätt förutsägbart. Detta vet vi med stor säkert eftersom du, likt de flesta andra, för det mesta använder minsta motståndets lag när du agerar. Det innebär att du använder beteenden som du frekvent använt tidigare och som på så sätt blivit energisnåla. Det som kostar lite energi är lättare att använda. Dessutom får dessa energisnåla beteenden sin energi från basala mänskliga behov och grundläggande drivkrafter. Dessa beteenden blir sedan din så kallade *autopilot*, det du gör utan att ens tänka på det.

Men tänk om … det är möjligt att välja sina beteenden lite mer klokt än att alltid utgå från minsta motståndets lag.

Jo, jag vet! Det är klart att du redan gör det, du är ju ingen idiot och inte heller omgiven av idioter. Men jag tänker på de gånger då du inte är riktigt nöjd med ditt agerande och funderar på hur det kunde bli så här … igen! För visst är det så att du ibland ifrågasätter ditt eget beteende? Det borde du i alla fall göra om du vill utveckla dig själv och undvika att hamna i mönster som inte ger dig det resultat du vill ha. Det är dock inte alltid så lätt eftersom vi vid framgång tenderar att prisa vår egen förmåga, medan vi vid motgång i regel skyller på omständigheterna. Det gör det både svårare att uppmärksamma våra egna mönster och att lära oss av våra misstag. När DISC används som en reflektionsmodell kan den ge dig insikter om dina egna beteendemönster. Men om DISC, och beteendemodeller i allmänhet, används på ett sätt de inte är ämnade för uppstår ofta både missförstånd och rädslor. Därför är det viktigt att också beskriva vad DISC-modellen inte är:

1. Det är inte en modell som förklarar eller beskriver en människas personlighet.

2. Det är inte en modell som förklarar varför en människa har utvecklat vissa typer av beteendepreferenser.

3. Det är inte en modell som används för att bedöma människors kapacitet eller lämplighet.

Många gånger fastnar de största kritikerna i ovanstående punkters motsatser. De verkar tro att resultatet av en DISC-analys ska användas för att till exempel ge svar på hur kompetent, produktiv, godtrogen, otrevlig, lämplig eller välfungerande en person är i en viss roll. Inget självskattningsverktyg i världen kan enkom avgöra det. Huruvida någon kommer att fungera bra eller dåligt i en grupp eller varför en person agerar eller reagerar på ett visst sätt kan ha många olika orsaker. Faktorer som kompetens, motivation, tidigare erfarenheter, uppväxtvillkor, genetiskt arv, status, social kontext, attityd och värderingar med mera, kommer också alltid att spela roll för att förklara en persons beteende och egenskaper.

Ett annat vanligt misstag som båda ytterligheterna av de allra mest entusiastiska och de skarpt kritiska tycks göra i sin iver att antingen "hissa" eller "dissa" DISC är att tillskriva en person en bokstav eller en färg. Det innebär att de per automatik diskvalificerar en person för egenskaper associerade med en annan bokstav eller färg i modellen. För vissa personer är det till exempel lättare att vara rak och direkt i sin kommunikation medan det för andra är det mer naturligt att vara mer försiktig och inkännande. Det innebär inte att en person som ofta tycker det är enklare att vara försiktig och inkännande inte kan vara rak och direkt. Men samtidigt betyder det inte heller att personen tycker att det är enkelt att vara rak och direkt. Det kanske krävs mycket energi och förberedelse för kunna vara så rak och ofiltrerad som hen behöver vara i den givna situationen. För en annan person är det helt naturligt att vara rak och direkt, medan det kräver mycket energi att vara mer försiktig och inkännande.

Nu har jag emellertid inte för avsikt att övertyga dig om att du ska använda just DISC som reflektionsmodell för att notera individuella skillnader människor emellan. Du kanske använder andra instrument, till exempel Birkman[10], IDI[11] eller något av de tidigare redovisade verktygen för att reflektera över ditt eget beteende, gott så. Denna bok handlar, titeln till trots, mer om att visa dig hur du principiellt kan använda ett självskattningsinstrument, vilket det än må vara. Samtidigt handlar den också om hur jag tycker att DISC bör användas rent praktiskt.

Du kanske tidigare har läst böcker som framställt DISC-modellen som ett sätt att kategorisera människor i olika människotyper. Om du gjort det vill jag säga: Glöm allt du läst om personligheter eller typer kopplat till färger eller bokstäver. Eller förresten glöm inte allt, utan tänk så här istället:

Teorin bakom DISC innehåller ett system för att uppmärksamma och urskilja likheter och olikheter i människors beteende och kommunikation. Över tid för att se mönster i mänskligt beteende, men också i stunden för att uppmärksamma omedelbara behov uttryckta genom just beteenden och kommunikation.

---

[10] *Birkman-metoden* är en online-bedömning av personlighet, social uppfattning och yrkesintresse. Metoden beskriver en persons yrkespreferenser, naturlig beteendestil, stressbeteenden samt förväntningar mellan människor och miljö.

[11] *IDI* (Interpersonal Dynamics Inventory) är ett beteendeverktyg som ger insikt om hur en person upplevs i arbetet. Syftet är att skapa insikt om en persons upplevelse av sig själv och andra och hur det går att förbättra samspelet människor emellan.

DISC-modellen förr och nu

Om du sedan tidigare känner till DISC väl och vet hur du ska använda modellen kan du välja att läsa resterande del av detta kapitel som en nyanserad påminnelse om det du redan vet. Om du däremot tror eller har haft uppfattningen att DISC är en modell som endast kategoriserar in människor i fyra färger, kan det rent av vara nödvändigt för dig att läsa resten av detta kapitel med stort fokus om du ska få ut det bästa av innehållet i denna bok.

Ursprunget till DISC-modellen går så långt tillbaka som till i slutet av 1920-talet när William Moulton Marston gav ut boken *The Emotions of Normal People*[12]. Marston var en amerikansk psykolog och författare som under sina verksamma år även uppfann en tidig prototyp av blodtrycksmätaren och var även en pionjär i arbetet med att utveckla lögndetektorn. Han är även känd för att ha skapat det många kallar den första kvinnliga superhjälten: Wonder Woman. Kanske är hans minst sagt spretiga fokus också en av orsakerna till varför han sällan fått erkännande för det arbete han gjorde inom psykologin. Lägg där till att han under en tid levde ett minst sagt oortodoxt liv med två kvinnor och hade en fascination för starka kvinnor och sexualitet i utkanten av normen. Kanske hade han passat bättre, eller åtminstone varit mindre uppseendeväckande, 100 år senare. I *The Emotions of Normal People* beskrev Marston en teori som illustrerar fyra typer av reaktioner baserade på en människas förhållningssätt till sig själv i relation till den omgivning hen befinner sig i. Bakom dessa reaktioner ligger, enligt Marston, primära drivkrafter och känslor som går att finna hos alla människor. Dessa reaktioner relaterade han till de neurologiska forskningsresultat och faktiska beteenden som han observerade att människor uppvisade. Detta resulterade i fyra grundläggande beskrivningar av mänskligt beteende. Marston hävdade att alla människor uppvisar dessa beteenden, men i olika grad och vid

---

[12] I boken *The Emotions of Normal People* beskrivs Marstons teorier och forskning mer ingående. Det bör dock tilläggas att Marstons teori omkring DISC endast är ursprungsteorin och inte helt och hållet är överensstämmande med den teori som idag ligger till grund för olika DISC-instrument.

olika tillfällen beroende på vilken syn en individ har på sig själv och sin omgivning. DISC kan alltså användas som ett enkelt filter för att känna igen vissa beteendepreferenser hos andra och sig själv. Det huvudsakliga syftet med att göra det är att förbättra kommunikationen och öka förståelsen för människors likheter och olikheter. I många böcker beskrivs modellen i dess enklaste form som de fyra grundläggande beteendemönstren. Det har i sin tur bidragit till att vissa valt att tolka dessa bokstäver som personlighetstyper eller till och med människotyper, vilket naturligtvis är direkt felaktigt. Ingen av oss är ett av de fyra grundläggande beteendemönstren. Däremot uppvisar vi ständigt synliga beteenden vare sig vi vill eller inte och dessa kan beskrivas utifrån olika utgångspunkter. Marstons grundläggande fyra beteenden, sprunget ur hur individen förhåller sig till dess omgivning i samspel med hur den ser på sig själv, är följande:

- *Hur en individ angriper problem och antar utmaningar.* Marston kallade den reaktionen för *Dominance.* En inställning att vilja dominera och övervinna en till synes motsättande yttre kraft. Många DISC-instrument använder röd färg eller bokstaven D för dominance.

- *Hur en individ skaffar sig inflytande i relation till andra i omgivningen.* Marston kallade den reaktionen för *Inducement.* En inställning att vilja influera och påverka en till synes medhållande yttre kraft. Många DISC-instrument använder gul färg eller bokstaven I för inducement.

- *Hur en individ känner av och reagerar på omgivningens tempo och samspel.* Marston kallade den reaktionen för *Submission.* En inställning att vilja känna av och följa en till synes medhållande yttre kraft. Många DISC-instrument använder grön färg eller bokstaven S för submission.

- *Hur en individ reagerar på regler och ramar i vår omgivning.* Marston kallade den reaktionen för *Compliance.* En inställning att vilja kontrollera och rätta sig efter en till synes motsättande yttre kraft. Många DISC-instrument använder blå färg eller bokstaven C för compliance.

Även om Marston skapade ursprungsteorin, tog han inte fram grunden till det självskattningsformulär som idag kallas DISC-analys. 1956 skapade Walter Clarke, en industripsykolog, den så kallade *Activity Vector Analysis*[13]. Clarke fortsatte att utveckla sin analys under cirka tio års tid tillsammans med Peter F. Merenda, en forskare, författare och medgrundare till Departments of Psychology and Computer Science/Statistics vid universitetet i Rhode Island. 1965 publicerade de tillsammans de resultat som var kopplade till ett nytt instrument. I det nya instrumentet blev respondenterna, istället för att fylla i en lång checklista, tvingade att välja mellan olika uppsättningar av ord[14]. Denna analys lade den första grunden till utvecklandet av dagens DISC-verktyg. Med inspiration av Clarke och Merendas sätt att låta människor kartlägga sina beteenden var psykologen John Geier en av de första som på 1970-talet tog fram den första riktiga analysen byggd utifrån DISC-teorin.

Sedan dess har ett antal instrument skapats i samma anda. Dessa har använts världen runt för att hjälpa människor att förstå sina likheter och olikheter i beteende- och kommunikationsstil. En bärande tanke i den moderna DISC-teorin är att inte värdera någon stil som bättre eller sämre utan mer använda modellen som ett reflektions- och utvecklingsinstrument. Det kan tyckas lockande att sätta enfärgade etiketter på varandras beteende, men det är inte att göra allt så enkelt som möjligt. Det är att göra det *för* enkelt. Ett mer adekvat sätt att använda teorin är att se på de fyra grundreaktionerna som mer eller mindre framträdande situationsspecifika preferenser i vårt beteende. Det gör modellen mer dynamisk och mindre av en personlighetsmodell där människor är fastlåsta i en viss typ representerad av en färg eller bokstavskombination. Samtidigt behöver vi dock erkänna för oss själva att vi har beteenden som är lättare

---

[13] *Activity Vector Analysis* var en checklista med adjektiv där Clarke bad folk att ta ställning till vilka som var korrekta beskrivningar av dem själva. När människor skattade sig utifrån denna checklista bekräftade resultaten Marstons teori om DISC-modellen.

[14] Merenda, Peter F.; Clarke, Walter V. (January 1965). "Self description and personality measurement". Journal of Clinical Psychology. 21: 52–56

att använda, dels därför att vi ofta använder dem och dels för att de också kanske till viss del är nedärvda i den vi anser oss vara som person.

Låt oss för en stund gå tillbaka till Marstons grundteori bestående av de fyra olika reaktionerna: Dominance, Inducement, Submission och Compliance. Reflektera över dessa i tur och ordning genom att ställa dig följande frågor:

Angående Dominance: Finns det situationer där du har en inställning att få igenom det du vill, där du inte tar lika mycket hänsyn till vad andra vill och där du är beredd att sätta relationen i andra hand för att få det resultat du vill? Finns det vid sådana tillfällen en risk att du kan uppfattas som hård och aggressiv av andra?

Angående Inducement: Finns det situationer där du verkligen vill påverka andra, inte genom att bestämma över dem, utan snarare genom att använda ditt inflytande och positivt motivera dem att se samma möjligheter som du gör? Finns det vid sådana tillfällen en risk att du av andra kan uppfattas som orealistisk och manipulerande?

Angående Submission: Finns det situationer där du tycker att det är viktigt att verkligen lyssna på andra och följa din omgivning, till och med utgå från deras behov och låta dessa gå före dina egna för att inte vara framfusig? Finns det vid sådana tillfällen en risk att du av andra uppfattas som passiv och tystlåten?

Angående Compliance: Finns det situationer då regler och ramar är viktiga för dig, inte bara utifrån vad som är rätt och fel utan också för att det är viktigt att tänka till och inte ödsla tid på något ogenomtänkt även om andra känslomässigt uttrycker andra behov? Finns det vid sådana tillfällen en risk att du av andra uppfattas som känslokall och överkritisk?

Om du är en människa, har du troligtvis svarat "ja" på alla föregående frågor. Men antagligen tyckte du att någon eller några av frågorna verkade vara mer självklara att svara "ja" på än andra. Det är såklart fullt mänskligt det också. Vi har olika behov i olika situationer såväl som att vi har beteenden som vi uppvisar mer frekvent. Vi kan alltid ställa oss frågor omkring vårt beteende i olika situationer. Genom att göra det kan vi analysera vilken möjlig effekt vissa beteenden kan få. Ju mer vi reflekterar över vårt eget beteende, desto lättare är det också att se att vi faktiskt använder vissa beteendemönster oftare än andra. Då kan vi också skapa bättre förutsättningar för att välja vilket beteende vi vill uppvisa.

Grundläggande beteendepreferenser betyder emellertid inte allt. Position, tillit, kompetens och erfarenhet är andra faktorer som påverkar vårt beteende i en given situation. Har du mer erfarenhet kanske du tar mer initiativ än om du känner dig oerfaren. Du kanske också har lättare att konfrontera din kollega än din chef på grund av den position din chef har. Även om många faktorer påverkar vårt sätt att agera i en viss situation består de allra flesta situationer i våra liv av två tydliga delar: att *interagera med och relatera till andra människor samt att förhålla oss till de strukturer som finns i omgivningen.*

DISC sätter fingret på de mest basala aspekterna av vårt beteende som påverkar vårt sätt att både förhålla oss till andra människor och de olika uppgifter vi ställs inför. Det är troligen också därför många teorier om mänskligt beteende (även om de inte kallats DISC) genom historien har haft utgångspunkter som påvisat samma eller likande beskrivningar av mänskligt beteende. Från *Hippocrates Fyra temperament*[15] till i modern tid olika former av det som inom den akademiska världen kallas *Inter-*

---

[15] *Hippocrates* (ca. 460-ca 370 f.Kr.) hävdade att fyra kroppsvätskor; blod, slem, gul galla och svart galla påverkar människans personlighet och beteenden. Modern medicinsk vetenskap dementerar förstås detta samband. Men de mänskliga beteenden som beskrevs genom dessa fyra "typer" kan vi fortfarande observera som delar av ett mänskligt beteende, även om förklaringsmodellerna till varför vi ser dem skiljer sig åt.

personella cirkeln[16]. Idag har miljontals människor genomfört en DISC-analys och fått en profilbeskrivning utifrån sina svar. Jag vill påstå att profilbeskrivningarna använts å ena sidan i utvecklingssyfte att reflektera över sina föredragna preferenser och å andra sidan till att förenklat kategorisera människor i *färger*[17]. Jag behöver vid det här laget inte motivera vilket av dessa två användningssätt jag föredrar, inte heller vad som bör vara utgångspunkten för att skapa självinsikt.

Det är dock inte förvånande att vissa använder DISC som en stereotypisk personlighetsteori. Det är bekvämt och framförallt förenklar det vår verklighet. Det paradoxala med att göra så grova förenklingar är att det skapar motsatt effekt. Istället för att skapa förståelse för olikheter, värderas inte sällan olika beteenden som bra eller dåliga. I värsta fall medför det också att människor tycker att de kan rättfärdiga sina mindre konstruktiva beteenden genom att gömma sig bakom en färg eller bokstav. I Sverige har det blivit populärt att benämna de grundläggande beteendepreferenserna i DISC genom färger. Det har också gjort att människor ibland tenderar att kraftigt förenkla eller försvara sitt beteende genom att använda DISC.

---

[16] *Interpersonella cirkeln* är en modell som konceptualiserar mellanmänskligt beteende. Modellen består av en vertikal axel representerad av status, dominans, makt, ambition, påstridighet och kontroll samt en horisontell axel representerad av behaglighet, medkänsla, vårdande, solidaritet, vänlighet, värme, tillhörighet och kärlek. Specifika beteenden definieras genom att hitta punkter i utrymmet mellan den vertikala och horisontella axeln. Hur en människa interagerar med andra beror på vad som är viktigt för personen utifrån de två axlarna och därmed var dessa koordinater hamnar i den Interpersonella cirkeln.

[17] *"Röd personlighet"* beskrivs ofta som en resultatfokuserad, direkt, bestämd och krävande person som fruktar att hamna i beroendeställning och inte nå resultat.
"Gul personlighet" beskrivs ofta som en brobyggande, kommunikativ, positiv och lättsam person som fruktar att bli illa omtyckt och att sakna inflytande.
"Grön personlighet" beskrivs ofta som en ödmjuk, inkännande, planerande och empatisk person som fruktar att bli utesluten och tappa tryggheten i tillvaron.
"Blå personlighet" beskrivs ofta som en analyserande, återhållsam, noggrann och detaljerad person som fruktar att göra fel och agera utan att veta vad som gäller.

Du kan höra någon som gjort en DISC-analys säga något i stil med "Du vet, jag är gul så jag kan inte sätta mig in i detaljer" eller någon annan typ av ursäkt för att inte ta ansvar och då hamnar vi riktigt fel. Faktum är att det till och med är ett missbruk av självreflektionsinstrument, oavsett vilket det är, som många gånger skapar kontraproduktiva effekter i en organisation.

En självreflektion ska vara utvecklande av och inte ursäktande för ett negativt eller opassande beteende. Istället för att kategorisera andra och sig själv som en Röd, Gul, Grön eller Blå "personlighet", borde det naturliga vara att ställa sig frågor likt: Hur ser din färgkombination ut … *just nu … eller inför det möte du ska ha i eftermiddag … eller igår när du försökte få din son att kliva upp ur sängen för att komma i tid till skolan … eller när du tackade ja till att vara med på en aktivitet du egentligen inte ville delta i … eller när du med hög energi gjorde ditt bästa för att sälja in ett förslag till din fru …* ja, du fattar.

Du har alltid rätt … oavsett

Om du tror att du kan, eller inte kan, har du rätt. Henry Ford lär en gång sagt något i stil med det. Trots att det är ett slitet citat, ligger det verkligen något i det. Varför får vi då alltid rätt oavsett vad vi tror? Det enkla svaret på frågan ovan är *Konfirmeringsbias*[18], med andra ord vår alldeles förträffliga förmåga att lägga märke till det vi bestämt oss för att uppmärksamma. Det innebär att vi slutar leta motbevis när vi hittar något som stödjer det vi från början trodde var sant. Det är givetvis inte konstigt eftersom det känns tryggt och bra när våra hypoteser är överensstämmande med verkligheten. Men det trygga innebär att vi på samma gång är fångade av våra förutbestämda antaganden redan innan vi upplever något.

---

[18] *Konfirmeringsbias* är ett exempel på vår kognitiva bias och kan beskrivas som vår tendens att omedvetet selektera och uppmärksamma stimuli och information som bekräftar våra redan befintliga uppfattningar om hur något förhåller sig. Oavsett vad vi bestämmer oss för, kommer vi att hitta bevis för just det.

När du arbetar med en modell för självreflektion som ger färdiga beskrivningar, är det därför viktigt att vara medveten om att de flesta av oss håller med om information som stämmer överens med våra egna åsikter, negativa som positiva. Samtidigt tenderar vi att ignorera information som motbevisar det vi redan tror är sant. Inte sällan är det dock den information som utmanar det vi är som mest säkra på som också är den mest användbara vid personlig utveckling. Vare sig du vill eller inte, kommer du att se det du vill se och det innebär också att du kommer att missa det du skulle kunna se om du inte var färgad av din konfirmeringsbias. Det är också den som gör att det blir enkelt att lägga märke till människor med antingen en "färgglad" eller en "färgsur" attityd.

En "färgglad" attityd kan i en dialog låta något i stil med följande:
- *Exakt så här är jag! 100%!*
- *Men ser du inget som inte stämmer?*
- *Näe allt är klockrent ... jo, möjligtvis något som står under potentiella utvecklingsområden då.*

Människor med denna typ av attityd tycker ofta om att reflektera över sitt eget beteende, i alla fall så länge de tycker att beskrivningarna är positiva. Att beskrivningen av resultatet av ett självskattningsverktyg kan verka för bra för att vara sant är inte helt ovanligt. Men det beror också mycket på hur du läser texten. Att till exempel läsa "envis" som något positivt är inte fel, men att läsa "envis" som *enbart* något positivt är inte heller rätt. Alla egenskaper har sina för- och nackdelar.

Andra har däremot en helt motsatt inställning, vad jag kallar en "färgsur attityd", och då kan det i en dialog låta lite mer så här:

- *Ingenting av det här stämmer på mig! Absolut ingenting!*
- *Okej, men hur skulle du beskriva ditt beteende då?*
- *Det vet jag inte, men i alla fall inte så här.*

Människor med denna typ av attityd tycker inte om att reflektera över sitt eget beteende, i synnerhet inte om de anser att teorin de ska använda inte passar in på deras sätt att förklara mänskligt beteende. Det spelar egentligen ingen roll om textmassorna från självskattningsverktyget i princip beskriver dem spot-on, deras uppgift tycks vara att dementera dessa till varje pris. Det är viktigare att försöka slå hål på en teori än att finna utvecklingsområden hos sig själv. Det är heller inte helt ovanligt att människor med den typen av attityd dementerar det de läser men samtidigt uppvisar precis det beteende de dementerar.

Ingen av dessa ytterligheter i attityd kommer att vara särskilt hjälpsam om du verkligen vill utvecklas. För att hitta din utvecklingspotential behöver du därför hitta någon form av gyllene medelväg. Hur ska du då tänka för att hitta en sund balans mellan en rigid skepticism och osund naivitet? Balansgången kan vara svår, men till att börja med bör du komma ihåg att en beskrivning av en persons beteende utifrån en modell ytterst sällan (om ens någonsin) är spot-on. Det kommer alltid finnas luckor och undantag där beskrivningen inte stämmer. Men att ställa sig frågan: "om jag inte känner igen mig i beskrivningen, hur är jag då?" är alltid bra. Och att sedan svara på den frågan är givetvis nödvändigt om du verkligen vill utveckla dig själv. Om du däremot okritiskt läser beskrivningar av dig själv och tycker att allt på pricken stämmer, bör du kanske fundera en vända till. Till exempel kan du tänka på och lyfta fram vid vilka tillfällen beskrivningarna inte stämmer, för de finns absolut. Att hitta en bra balans mellan kritiska ögon och en öppenhet för möjligheter är som sagt en viktig och bra utgångspunkt, men det kanske absolut viktigaste är vad du vill göra med den informationen du balanserat accepterat. I filmen A Dangerous Method[19] får vi följa med i historien om Freud och Jung. De var två pionjärer inom den tidiga psykologin och hade vitt skilda sätt att se på människan. Hela handlingen är naturligtvis inramat i

---

[19]A Dangerous Method är en film från 2011 av regissören David Cronenberg. Filmen beskrivs som ett intensivt triangeldrama baserad på verkliga händelser. Handlingen utspelar sig under tidigt 1900-tal och beskriver Freuds och Jungs olika sätt att se på människan samt hur spänningen mellan dem bland annat bidrog till psykoanalysens födelse.

en dramatisk kärlekshistoria á la Hollywood. För mig som en beteendenörd är själva kärlekshistorien mindre intressant och de olika uppfattningarna om mänskligt beteende och drivkrafter av större intresse. Anledningarna till varför Freud och Jung valde att gå skilda vägar var säkert många, men en fundamental skillnad var deras olika sätt att se på människan.

I en scen när Sabina Spielrein, en av den tidiga psykoanalysens förgrundsfigurer, förklarar Jungs ståndpunkt för Freud säger hon: "Han försöker bara hitta en väg framåt så patienterna slipper höra; Det är därför ni är som ni är. Han vill kunna säga; Vi kan visa er det ni kanske vill bli." Freud, som vid den tidpunkten upplever Jung vara ute på en flummig och ovetenskaplig väg, svarar henne: "Så han vill leka Gud med andra ord? Det har vi ingen rätt att göra. Världen är som den är och det måste vi bara acceptera."

Med friheten av att ha ett tolkningsföreträde här påstår jag att du, när du använder ett självskattningsinstrument, kanske behöver anamma en liten del av Freuds sätt att se på vår tillvaro. Men huvuddelen av din inställning bör emellertid utgå från Jungs resonemang omkring mänskligt beteende. Freud hävdar ändå att världen är som den är och att det också är viktigt att acceptera det. Det är förvisso sant men hur du uppfattar världen är högst subjektivt. Den "riktiga världen" är endast en konstruktion, en tolkning, av det våra fem sinnen släpper in och gör oss medvetna om. Och vår tolkning är, som de flesta av oss redan är medvetna om, högst subjektiv. Därför är det precis så du som läsare ska tänka. Visst absolut, du är som du är. Men du kan också bli som du vill bli eller för den delen välja att fortsätta vara som du är. Beteendeförändring är inget självändamål i sig. En beteendeförändring är snarare en process som är till för att ge dig själv bättre förutsättningar för att kunna anpassa dig till olika omgivningar. Vare sig det gäller att förändra, förädla eller förstärka något, börjar din resa med en insikt om var du startar. Var du startar, har sin grund i både hur du ser på dig samt hur du medvetet eller undermedvetet motiverar dig själv att använda dina mest naturliga beteenden.

Här är det som är bra att komma ihåg

- DISC-teorin har sin grund i en modell framtagen av William Moulton Marston på 1920-talet.

- Teorin bygger på fyra grundläggande reaktioner och behov kopplat till den uppfattning en person har om sig själv och den omgivning personen befinner sig i.

- Psykologen John Geier tar på 1970-talet fram det första självskattningsinstrumentet byggt på DISC-teorin.

- DISC som självskattningsinstrument mäter din egen syn på hur mycket av D, I, S och C som du använder i din naturliga (och eventuellt anpassade) beteendestil

- DISC är idag en av de mest använda reflektionsmodellerna i världen för att beskriva några av de mest basala aspekterna av vårt beteende i interaktion med vår omgivning.

- DISC beskriver inte en människas personlighet och förklarar heller inte hur en människa har utvecklat sina naturliga beteendepreferenser.

- DISC värderar inte beteenden som bra eller dåliga.

- Förenklingar av modellen leder till onyanserad kritik där utgångspunkten i kritiken ofta har sin grund i en övertygelse om att DISC är en teori som beskriver fyra personlighetstyper.

- Ett mer adekvat sätt att använda DISC är som ett filter för att känna igen vissa beteendepreferenser hos andra och sig själv i syfte att öka förståelsen för beteendemässiga likheter och olikheter.

INRE STYRSYSTEM

Motivation är motivet i aktionen.

Denis Waitley

Hur börjar man egentligen ett kapitel för att fånga en läsares intresse? Googla och du skall finna! Eller nja … det finns givetvis en mängd mer eller mindre vedertagna knep. Men vilka är bäst? Det finns de som säger att du bör kasta in läsaren i ett högt tempo direkt. Andra menar att det viktigaste är att direkt utmana läsarens föreställning av världen. Sedan finns det de som hävdar att om inte syftet direkt klargörs, tappar du ganska snart läsarens intresse. Tipsen är många men vad som är bra tips eller inte beror nog i allra högsta grad på vem som ger eller tar emot tipsen. Vi fångas av lite olika saker, dels för att vi alla uppfattar världen lite olika och dels för att vi har lite olika behov och drivkrafter. Men trots detta tänkte jag ändå ta mig friheten att generalisera en aning och faktiskt använda mig av några universella knep och påstå att du som läser detta förmodligen är en typisk person som ständigt låter känslan påverka din upplevelse av omvärlden.

Du tror att du är rationell i dina beslut, men faktum är att du aldrig är särskilt rationell. Nej, det spelar faktiskt ingen roll hur logisk och objektiv du anser dig vara. Och även om du läst dig till hur man tar rationella beslut enligt Den Rationella beslutsmodellen[20], är du en känslostyrd varelse, som aldrig kan ta ett enda objektivt beslut.

Kanske blir du aningen provocerad av att läsa föregående stycke, i synnerhet eftersom du tycker att du är en högst rationell person. Eller kanske håller du med fullt ut, eftersom du känner igen dig i att vara mer

---

[20] *Den Rationella beslutsmodellen* bygger på att ta beslut med en medvetenhet om sina egna värderingar och hur de kan påverka ett beslut, men också hur man kan använda värderingarna genom att rangordna olika alternativ utifrån dessa för att ta så rationella beslut som möjligt.

av en känslomänniska. Oavsett vad du tycker och känner omkring detta, är du de facto lika typisk som vem som helst. Som människa, till skillnad från en artificiell intelligens, tar du inga helt rationella beslut. Är det något fel med det då? Naturligtvis inte, snarare tvärtom, känslor är fantastiska eftersom de sätter färg på vår tillvaro och gör oss levande och mänskliga. Men som psykologen Claes Wallenius pekar på i boken *Människans illusoriska rationalitet*, kan de känslomässiga konsekvenserna av ett beslut många gånger endast vara en grund för att tillfredsställa egna behov. Den typen av "rationalitet" hamnar inte sällan i konflikt med konkreta mål och uppgiftsinriktade aktiviteter som syftar till att uppnå målen i en given situation. Våra behov är som bekant inte statiska, i olika situationer har vi olika behov. Ibland, eller rätt ofta faktiskt, har olika människor olika behov i samma situation. Känslor och behov styr oss både på medveten och undermedveten nivå. Det betyder att vi till vardags ofta går på en slags behovs- och känslomässig autopilot. Det innebär i sin tur att vi använder beteenden som gör att vi hamnar i liknande situationer gång på gång.

$$E_k = \frac{m_{max} \cdot (v_{max})^2}{2}$$

Det sägs att motivation är energi. Fast egentligen sägs det väl att allt är energi, så förmodligen är slutsatsen att motivation är energi helt korrekt. Vi definierar också motivation som något som vi har inom oss och därmed alltså som en typ av energi lagrad i en massa, i det här fallet vår kropp. Om nu motivation är energi, bör det vara rimligt att tänka att det skulle kunna finns mer eller mindre av energi att motivera oss att agera på ett visst sätt. Ungefär som i formeln för rörelseenergi som du ser ovan. Du har säkert hört frasen "du kan bara du vill". Något som med andra ord betyder att det alltid går att motivera sig att göra eller lära sig något så länge viljan finns. Vi kan absolut göra mycket om vi verkligen vill. Men om energidepåerna är tomma, hur ska vi då ens orka vilja? Om bränsletanken är tom eller om batteriet är urladdat och bilen stannar, är det så att bilen "kan bara den vill" då? Nej, naturligtvis inte! Det måste också finnas energi för att vilja något. Stephen Hawking sa vid ett tillfälle att energi (läs: motivation) är lite som pengar. Har vi ett positivt saldo, kan vi fördela det mellan våra konton på olika sätt. De flesta av oss har emellertid inte oändliga tillgångar, inte när det gäller pengar och framförallt inte när det gäller inre motivation. Vi fördelar det vi har baserat på våra vanor, övertygelser, drivkrafter och mål. Vi fyller på de konton som vi tycker oss ha användning för och ignorerar eller tar bort konton vi inte har användning för. Det betyder dock inte att det är omöjligt att ha existerande konton med noll som saldo. Det är däremot ganska stor sannolikhet att vi inte ägnar särskilt mycket tid till ett sådant konto. Först när vi fyller på saldot blir ett konto intressant och användbart. Men ser vi ingen poäng att fylla på ett tomt konto kommer vi inte heller att göra det.

Teorin bakom DISC hävdar att du åtminstone disponerar över fyra grundläggande "motivationskonton". Mellan dessa fördelar du, medvetet eller undermedvetet, din energi i olika situationer.

• *Motivation att utmana, styra och kontrollera.* Denna typ av motivation är associerad till D-preferensen och bidrar starkt till att utveckla exempelvis konkurrenskraft, direkthet och initiativtagande.

• *Motivation att påverka, bidra och influera.* Denna typ av motivation är associerad till I-preferensen och bidrar starkt till att utveckla exempelvis social självsäkerhet, öppenhet och inflytande.

• *Motivation att följa, stabilisera och tillhöra.* Denna typ av motivation är associerad till S-preferensen och bidrar starkt till att utveckla exempelvis eftertänksamhet, lugn och diplomati.

• *Motivation att efterfölja, granska och bevisa.* Denna typ av motivation är associerad till C-preferensen och bidrar starkt till att utveckla exempelvis noggrannhet, korrekthet och detaljerad.

Det finns inget av dessa konton som har högre värde eller ger bättre av-kastning än något annat. De flesta av oss tenderar dock konstant ha mer energi i vissa konton, medan andra för det mesta verkar sakna saldo. Det betyder att vi också utvecklar beteenden som både styrs och upprätt-hålls av dessa utan att vi ens reflekterar över att det är på det sättet. Åt-minstone reflekterar vi kanske inte innan vi får direkt feedback eller på något annat sätt skapar en självinsikt omkring våra beteendemönster. Men även om vi reflekterar över våra mönster, tar det energi att både fatta ett beslut och ändra på ett beteende. Våra "defaultalternativ" är väl-digt kraftfulla. Det vill säga om valet av ditt beteende är styrt av det moti-vationskonto som per default alltid har bäst saldo i en viss situation, blir det mer energikrävande att göra ett aktivt val att anta ett beteende som styrs av ett konto som saknar saldo. Ett konto som du i värsta fall inte ens ser värdet i att fylla på.

Under mina år som både konsult och coach har jag fått träffa många människor i många olika roller och positioner, i många olika omgivning-ar. En del har jag under en längre tid haft förmånen att både medvetan-degöra och coacha vidare i en utvecklingsprocess. Det som varit ge-mensamt är förstås att de alla verkat i en omgivning där de mer eller mindre behövt interagera med andra på ett eller annat sätt. Det gemen-samma är också att de haft sina utmaningar och att de varit unika indivi-der som upplevt unika situationer. Samtidigt är det också i det unika jag fått möjlighet att se mönster både i deras motivation och beteende. Jag har bett fyra individer med tydliga preferenser, som jag fått följa under en längre tid, att besvara fem övergripande frågor för att illustrera hur deras motivation styr dem i deras naturliga sätt att förhålla sig till omgiv-ningen. Frågorna som de fått reflektera över är följande:

1. Vad motiverar dig allra mest i de flesta situationer?
2. Hur skulle du beskriva ditt naturliga sätt att kommunicera?
3. Vad är viktigt för dig när du arbetar tillsamman med andra?
4. Hur viktigt är det för dig med regler och ramverk?
5. Vilken är din viktigaste självinsikt?

Motivation att utmana, styra och kontrollera

Först ut är Patric. Han arbetar idag i ett team på 12 personer inklusive teamledaren. Många ser honom som drivande och handlingskraftig, men ibland också som individualistisk och oresonlig. När jag mötte honom första gången, stod han inför en stor förändring i sitt yrkesliv. Hans tidigare arbetsgivare hade, utifrån Patrics egna önskemål, gett honom tio coachträffar i det omställningspaket han fått. Det var den första gången jag fick möjligheten att vara hans coach. Sedan dess har jag haft förmånen att både följa och coacha honom under ett flertal år i olika positioner på olika företag.

Han har under åren haft sina kontroverser med chefer och kollegor som både varit utvecklande och hindrande i hans karriär, precis som de flesta andra av oss förstås. Men det som varit genomgående och tydligt i hans sätt att förhålla sig till andra och sig själv har varit hans mycket starka behov av att få bestämma, tillika hans reaktion att "ta upp kampen" när han upplevt sig vara bestämd över. Så här svarade han på de fem frågor jag ställde angående motivation.

Vad motiverar dig allra mest i de flesta situationer?
"Resultat, om jag ska välja en sak så måste säga resultat och helst direkta synbara resultat. Men visst det är ju inte så att jag inte bryr mig om annat, men jag börjar nästan alltid med målet i sikte. Vad jag vill ha, alltså vilket resultat jag vill ha i slutändan. Jag vet inte, det är väl någon gammal tävlingsinstinkt eller nåt i den stilen som driver på. Men resultat är nummer ett för mig."

Hur skulle du beskriva ditt naturliga sätt att kommunicera?
"Jag är ganska direkt och tydlig. Jag har från vissa fått höra att jag är otålig. Jag är i alla fall inte rädd för att utmana gamla sanningar. En del skulle säkert säga att jag är en sån som ställer till det ibland och skapar konflikter. Men för mig handlar det om att utvecklas och nå resultat. Rakt på sak utan otydligheter är min paroll skulle jag säga. Om vi inte pratar om elefanten i rummet så kommer vi inte framåt."

Vad är viktigt för dig när du arbetar tillsammans med andra?

"Jag drivs mycket av det jag själv vill göra. Tror jag tillräckligt starkt på något så gör jag det. Min chef skulle nog säga att jag kanske inte alltid frågar om lov, även om hon kanske önskar att jag gjorde det ibland."

Hur viktigt är det för dig med regler och ramverk?

"Regler är till för att brytas! Nä jag skojar, men lite sanning ligger det nog i det. Jag tycker inte om regler och föreskrifter om de inte uttalat leder till mer effektivitet. Jag kan absolut tycka att *whatever works* är en bättre inställning än *by the book*."

Vilken är din viktigaste självinsikt?

"Jag tror det är flera saker, men en av de viktigaste är att inte alltid gå upp i "kampläge". Alla situationer är inte utmaningar som ska övervinnas på en gång och allt behöver inte leda till ett resultat som jag själv satt upp. Reflektion är också viktigt och kan leda till ännu bättre resultat, även om det kan ta längre tid att nå dem. Sen vet jag att mitt behov av att styra kan vara stort och det går att styra sin omgivning som man vill. Min sista stora insikt om mig är att jag insett att allt inte blir bättre av att göra det själv, även om det är enkelt och man får bestämma allt då. Det digitala projekt jag jobbat med under en tid och som nu faktiskt också blivit en stor framgång för mig är ett exempel på det. Jag tror aldrig att projektet hade landat i det vi har idag om jag gjort allt själv, som jag gjorde i början."

Vad behöver du fortfarande påminna dig själv om?

- Jag är inte värdelös för att jag inte alltid uppnår det jag vill.
- Det är okej att visa sårbarhet.
- Jag behöver inte alltid ha kontroll över allting.
- Ibland når jag resultat snabbare om jag låter andra ge sin syn på något innan jag själv gör det
- Att räkna till 10 och andas innan jag reagerar på något som jag inte gillar.

Motivation att påverka, bidra och influera

Näst på tur är Elisabeth. Hon arbetar idag som teamledare för ett team bestående av sju personer. Många ser henne som inflytelserik och kommunikativ, men hon har också fått feedback att hon kan uppfattas som både energisk och ostrukturerad. Själv träffade jag henne första gången när hon var en "high potential leader". Sedan jag mötte henne för första gången har hon haft fyra olika arbetsgivare. Hon har också haft olika positioner, men de senaste åtta åren har hon haft en ledarposition.

Många ser henne som en entusiastisk och inspirerande ledare som ständigt är tillgänglig för sitt team. Under vissa perioder har hon haft flera olika uppdrag samtidigt. Ibland eftersom hon täckt upp när en kollega slutat, ibland eftersom hon själv sökt sig till tillfälliga projekt parallellt med hennes ordinarie roll. Ett tema som tycks ha följt med henne under åren är "jag tar det". Implementera det nya systemet eller ta tag i planering av sommarfesten? "Kul! Jag tar det". Kanske är det en slags "Fomo" (Fear of missing out), men mer sannolikt är att det handlar om att hon drivs av att vilja påverka och ha inflytande inom en mängd olika områden. Så här svarade hon på de fem frågor jag ställde angående motivation.

Vad motiverar dig allra mest i de flesta situationer?
"Oj det kan vara mycket. Jag gillar när det händer saker. Jag vill prova nytt och drivs av att göra nya upptäckter, gärna tillsammans med andra. Sen har jag en förkärlek att lägga mig i. Jag tycker att jag kan bidra på många olika sätt på många olika ställen i en verksamhet. När jag saknar stimulans har jag en tendens att söka upp något nytt."

Hur skulle du beskriva ditt naturliga sätt att kommunicera?
"Mycket! Nä skämt åsido, fast jo, jag kommunicerar mycket och med många. Jag tror att man behöver vara kommunikativ i en chefsroll. Men framförallt skulle jag säga att jag är positiv. När andra ser svårigheter ser jag möjligheter. Jag vill se och ser lösningar i det mesta. Visst en del tycker att jag alltid säger *det löser sig*, men hellre det än *det går aldrig*."

Vad är viktigt för dig när du arbetar tillsammans med andra?
"Det ska vara kul att arbeta ihop. Sen ska man väl inte sticka under stolen med att jag ofta hamnar i centrum och att det finns de som tycker att jag ibland tar för mycket plats. Men utan glädje tillsammans tror i alla fall inte jag att man åstadkommer något bra tillsammans."

Hur viktigt är det för dig med regler och ramverk?
"Hm, vilken svår fråga. Jag kan tycka att regler är bra om de inte är begränsande. Regler om hur vi ska bete oss mot varandra är bra, men regler om hur exakt något ska göras kan jag uppleva som mer begränsande är hjälpande. Ibland kan jag tycka att regler kan förstöra kreativiteten hos människor. Jag kan nog fundera ganska ofta på varför vissa regler finns när man skulle kunna göra så mycket mer om de inte fanns."

Vilken är din viktigaste självinsikt?
"Jag vet ju att jag gillar att vara med där det händer, kanske lite för ofta. Samtidigt tycker jag om att bidra och ser också att jag kan göra det på många ställen. Med åren har jag ställt mig frågan varför det är så. Kanske är det så att jag gillar bekräftelsen, gillar att vara den som hjälpte till att få det att hända. Men jag vet också nu, efter ett antal år med den självinsikten, att det försämrar mitt fokus. Jag vet också att det kan få mig att fokusera på "fel saker" eller "rätt saker" utifrån det jag tycker är roligast för stunden. Men det är väl just det, det blir aldrig bra att alltid prioritera efter det som är roligt. Så att prioritera rätt, förstå att jag inte alltid behöver eller förväntas bidra med något samt att ibland kliva ned "från scenen", ta ett steg tillbaka och vänta in är viktiga insikter för mig."

Vad behöver du fortfarande påminna dig själv om?
- Alla behöver inte gilla mina idéer eller mig som person.
- Jag är inte ansvarig för att fixa människors sårade känslor.
- När jag ser något intressant så behöver jag inte hoppa på det direkt.
- Alla goda idéer är inte genomförbara direkt.
- Ibland kan det få vara lite dålig stämning, det går över utan att jag behöver vara "atmosfärsansvarig".

Motivation att följa, stabilisera och tillhöra

Anders är den tredje personen jag fått följa på nära håll. Han är VD för ett mindre företag med ett tjugotal anställda. Anders ses av många som lugn, inlyssnande och systematisk, men ibland som långsam och krånglig. Mitt första möte med Anders var för fem år sedan. Han befann sig då precis som nu på samma företag och har också gjort det under tio års tid. När jag för första gången gjorde en enkät omkring hur medarbetarna uppfattade Anders ledarskap blev det tydligt för honom att han behövde utveckla sitt sätt att leda.

Att Anders tycker om förutsägbarhet är inte särskilt svårt att se. Han har alltid, enligt honom själv, drivit företaget med eftertanke genom att tänka sig för och förespråka goda vanor för sin personal. Själv har han inte sett poängen med att haka på "senaste trenden" bara för att många pratar om det. Han har inte heller tyckt att det är särskilt viktigt att han ska ta plats och synas hela tiden. Han förespråkar en öppendörr-policy där vem som helst i personalen är välkommen att komma in och prata. Men med en tydlig önskan om att få se en mer öppen och initiativtagande ledare har han fått tänka om. Så här svarade han på de fem frågor jag ställde angående motivation.

Vad motiverar dig allra mest i de flesta situationer?

"Själv blir jag motiverad av att känna att vi gör det vi gör tillsammans. Det betyder inte att vi alltid gör allt tillsammans men hos oss tycker jag att alla ska känna en trygghet och kunna fråga om hjälp när det behövs. Jag tycker inte det är så motiverande när en person ska bestämma allt. Visst, jag fattar att det finns de som tycker jag som VD ska stå och bestämma allt. Men om jag skulle göra det, vilken typ av kultur skulle jag odla då?"

Hur skulle du beskriva ditt naturliga sätt att kommunicera?

"Jag anser mig vara väldigt lyhörd. Jag tar mig alltid tid för att lyssna. För mig har "två öron och en mun" alltid varit en ledstjärna. Det är kanske därför som jag kan ses som reserverad ibland, men bättre det än en ledare som pratar ihjäl folk utan att egentligen säga något."

Vad är viktigt för dig när du arbetar tillsammans med andra?

"Som VD blir det lite speciellt men jag försöker alltid vara jordnära. Jag har min position och vissa saker gör jag själv, men jag tycker ändå att de kan se mig som en i gänget. Det värsta jag vet är människor som sätter sig på piedestal bara för att de har en ledarposition."

Hur viktigt är det för dig med regler och ramverk?

"Regler och ramverk är ju vad de är. De skapar en trygghet för alla och det är viktigt. Alla ska känna att de ingår i en verksamhet som inte ena dagen ser ut på ett sätt och nästa dag ser ut på ett annat sätt. Sen tycker jag att det är viktigt hur man gör saker tillsammans innanför regelverken. Sociala kontrakt, hur vi beter oss mot varandra är superviktigt så klart. Men det handlar mer om respekt mer än faktiska regler."

Vilken är din viktigaste självinsikt?

"Jag skulle säga att det går att sammanfatta i tre stora punkter. Den första handlar om att jag inte ska vara rädd att ta plats och bestämma. Jag oroar mig ibland för mycket om vad andra ska tycka om jag bestämmer själv. Min andra insikt är att saker och ting aldrig går att få så stabila som jag önskar, särskilt inte i de snabba förändringar vi ställs inför hela tiden. När jag tycker att nu är vi äntligen klara med något så knackar nästa förändring på. Någon sa att vi behöver förbereda människor för att leva i ständig förändring, inte hantera förändring. Det håller jag med om, speciellt jag om någon behöver ha den attityden. Och sist men inte minst så behöver jag sätta mina egna behov först vid fler tillfällen än jag gör idag. Om jag inte gör det sitter jag snart med knäet fullt igen, inte bara med mitt utan även med andras arbete."

Vad behöver du fortfarande påminna dig själv om?

- Ibland är saker oförutsägbara och allt kan inte planeras.
- Det är okej att fråga om andras hjälp utan att behöva känna att jag belastar dem.
- Att ha konflikter är inte negativt, det kan till och med vara konstruktivt.
- Jag kan visa mitt värde på annat sätt än att ständigt hjälpa människor.
- Jag behöver inte vara den som frivilligt anmäler mig om jag inte vill.

Motivation att efterfölja, granska och bevisa

Den fjärde och sista personen i dessa beskrivningar heter Amanda. Hon arbetar som specialist inom en medelstor organisation. Amanda ses av många som noggrann, diplomatisk och nästan som ett orakel när det gäller kunskap inom sitt område. Det är henne som folk frågar när de behöver rätt svar som någon sa. När jag träffade henne första gången var hon i en situation där hennes chef, och även hon själv, tyckte att det vore bra om hon kunde få coachning i hennes dåvarande yrkesroll. Coachningen handlade mest om hennes sätt att interagera med andra i teamet. Amanda är inte någon som pratar "strunt" vid kaffeautomaten. Det är faktiskt till och med så att hon undviker att hamna i situationer där hon behöver kallprata. Hon upplever sig själv som oärlig när hon kallpratar. Inte för att hon är det, utan för att hon måste prata om något hon inte är intresserad av. Och, som hon själv beskriver det, till råga på allt också måste verka intresserad. Andra kan stundtals uppfatta henne som svår och otillgänglig eller till och med avvisande. Så här svarade hon på de fem frågor jag ställde angående motivation.

Vad motiverar dig allra mest i de flesta situationer?

"Det beror på vad syftet är. Men att göra ett gott jobb där jag uppfyller det som förväntas av mig är något som driver mig på jobbet i alla fall. Sen vill jag gärna kunna ta kloka beslut och få tänka igenom saker och ting innan jag sätter igång med något. Bland det värsta jag vet är när någon till exempel ger mig ett uppdrag utan att vara specifik och tydlig med vad förväntningarna och syftet med uppdraget är. Jag vill att det jag gör ska bli rätt och riktigt utifrån de förväntningar som finns.

Hur skulle du beskriva ditt naturliga sätt att kommunicera?

"Jag hamnar ofta i någon slags rådgivarroll. Det beror nog på att jag är tydlig med vad jag kan och att jag inte uttalar mig om något jag är osäker på. Jag kanske inte pratar så mycket i sociala sammanhang men kan prata mycket om det jag tycker är viktigt. Jag tror inte att det är så enkelt som att säga att man antigen är introvert eller extrovert. Jag pratar mer om jag är intresserad och mindre om saker saknar syfte för mig."

Vad är viktigt för dig när du arbetar tillsammans med andra?

"Jag tycker om när människor gör det de ska göra var och en för sig. Det betyder inte att jag ogillar samarbete, jag anser bara att det bör vara tydligt vilka roller vi har och vem som gör vad när vi samarbetar. Samarbeten kan bli väldigt negativa om man har otydliga roller och förväntningar."

Hur viktigt är det för dig med regler och ramverk?

"Regler och ramverk är ju till för att följas om inget annat kan bevisas. Om inte, varför har man dem i så fall? Det finns ju en anledning till att de satts upp överhuvudtaget. Självklart kan det finnas undantag och där man behöver ifrågasätta regelverk eller andra styrmedel. Men i dessa fall ska det då vara glasklara svar på varför man ska ifrågasätta dem, vad man ska göra istället och hur det ska göras."

Vilken är din viktigaste självinsikt?

"Att jag kan inte alltid får den information jag önskar. Förr kunde jag fastna i att ifrågasätta allt som inte var glasklart istället för att agera. Jag vet också att jag kan bli för perfektionistisk. Jag tycker fortfarande det är mycket viktigt att göra sin läxa, men jag fastnar mindre ofta i perfektionistfällan. Jag har lärt mig att känna igen dessa tendenser och ställer mig ofta frågan: när är det 'good enough?' Men det som varit mest jobbigt för mig, och det som utvecklat mig mest, är att erkänna min rädsla för att göra fel eller ha fel. Det har både hjälpt mig att våga ta mer risker och sluta ta strider om vad som är rätt och fel när det inte är nödvändigt eller saknar betydelse."

Vad behöver du fortfarande påminna dig själv om?

- Jag behöver inte alltid vara genomtänkt.
- Jag tappar inte trovärdigheten om jag någongång skulle säga fel.
- Misstag sker och vi behöver alla någon gång stå för ett misstag utan att för den sakens skull vara misslyckade.
- Det går att påbörja något även om jag inte har all information.
- Det är okej att uttrycka det jag känner, jag behöver inte vara kontrollerad och logisk i alla situationer.

Vi motiveras både av det vi vill och det vi inte vill

När du nu läst beskrivningarna av de fyra individerna inser du antagligen rätt snabbt att de kan uppfattas som väldigt olika personer. Bara genom att lyssna till deras beskrivningar av sig själva och vad de tycker är viktigt kan vi förstå att de i samma situation, medvetet eller undermedvetet, skulle kunna prioritera och interagera på väldigt olika sätt. Även om de nu beskrivit sig själva utifrån hur de upplever sig vara, kan det för många vara svårt att beskriva sig själv. Faktum är att det för många kan kännas enklare att tala om hur de inte är. Samma sak kan mycket väl också gälla vår motivation. "Jag kan inte exakt beskriva hur jag är eller vad som motiverar mig, men jag vet vad jag absolut inte är och vad som gör mig omotiverad… ", hör jag inte sällan människor säga när de blivit uppmanade att beskriva sig själva och vad som motiverar dem. Varför är det då lättare för många av oss att beskriva hur vi inte är än hur vi är? Det kan tyckas vara märkligt. Men när vi tänker på hur vår motivation fungerar, i alla fall på en basal nivå, är det faktiskt inte särskilt konstigt.

Vår hjärna har i grund och botten två huvudsakliga uppgifter, *maximera njutning* och *minimera smärta*. Det innebär att du ibland gör allt du kan för att undvika något, i tron att du slipper smärta. Men likväl kan du också sträva efter att uppnå något, i tron att du kommer njuta när du uppnår det du vill. Det skulle naturligtvis också kunna vara det omvända, det vill säga att du strävar mot något för att undvika smärta eller undviker något för att få njutning. Poängen är inte att fokusera på strategin just nu, utan snarare att belysa att hjärnan aktiverar våra handlingar utifrån dessa två extremt basala motivationsformer. Det är också tämligen välkänt att vår hjärna per default prioriterar det vi ska undvika. Det har troligen till stor del att göra med vår överlevnadsinstinkt. Det viktigaste för en levande organism är att överleva och därmed blir det också mycket viktigt att undvika faror. I förändringsprocesser till exempel, är det kanske mer tydligt än någonsin att mycket av det mänskliga beteendet i första hand drivs av det som ska undvikas. Även om en ledare pratar om vilka förde-lar en framtida vision kan ge, är människor i allmänhet skeptiska. Hjärnforskning har också sedan länge påvisat att vår drivkraft att bli av med negativa tankar är starkare än vår drivkraft att skapa positiva tankar.

Motiveras vi då av att uppnå eller undvika något? Det är förstås olika vid olika tillfällen och både att få något och slippa något har ett inneboende värde. Mycket av det vi gör handlar dock i grund och botten om vår basala motivation att *uppnå något behagligt* och att *undvika något obehagligt*. Vi drivs så klart av båda motivationstyperna, men i olika grad. Till exempel kanske vi undviker att konfrontera någon för att uppnå harmoni eller så kanske vi konfronterar direkt för att undvika surdegar och konflikter i långa loppet. Ett av de största problemen med undvikandemotivation är att den fyller vårt huvud med en massa "inte-tankar", som skapar bilder av vad som inte får hända. När vi är fullt upptagna av att studera bilden av det som inte får hända blir vi rädda. Och när vi är rädda, använder vi inte särskilt stor del av vår *prefrontala cortex.*[21] Det leder allt som oftast till att de beslut vi tar baseras på det vi redan känner till sedan innan. På samma sätt fungerar vår motivation när den kopplas till vårt sätt att se på oss själva. Vi blir alltså rädda för att vara eller bli uppfattade som någon vi inte anser oss själva vara. Vi vill i synnerhet inte bli förknippade med en person som uppvisar egenskaper eller beteenden som upplevs som motsatta de positiva egenskaper vi anser oss ha. Men vad innebär då detta i praktiken?

Vi känner igen oss själva, både medvetet och undermedvetet, genom ett antal karaktäristiska egenskaper. Dessa är drivna av vår uppnåendemotivation och det betyder att vi vill bli förknippade med dessa egenskaper och agerar för att bli bekräftade att vi också har dessa. Kanske beror det på att vi både i vårt medvetna och undermedvetna värderar dessa som bättre än andra egenskaper. Kanske kan det bero det på att vi i vårt liv blivit belönade när vi använt beteenden vi kopplat samman med just dessa egenskaper. Möjligen finns det till och med en genetisk grund

---

21 *Prefrontala cortex* är den främre delen av hjärnan som skapar komplexa tankemässiga processer. I detta område finns förmågan att fatta beslut och anpassa sig till olika sociala sammanhang. I prefrontala cortex bearbetas information utifrån våra tidigare erfarenheter och långsiktiga mål.

som reglerar detta och som möjligen redan från födseln är något "hård-kodat" i vår hjärna. Mest sannolikt är det en kombination av arv och miljö. Eller kanske beror det rent av på något ännu outforskat.

Det kanske inte är nödvändigt att besvara varför vi ser på oss själva på ett visst sätt. Det är snarare viktigt att reflektera över vad det innebär när vi strävar efter att upprätthålla en bild av oss själva och samtidigt medvetet eller undermedvetet undviker att visa delar av oss själva som kan uppfattas som motstridigt till den bilden. Den reflektionen kan också ge oss insikt i och möjligen förstå varför vi har så svårt för vissa typer av "då-liga" beteenden hos andra, medan vi favoriserar eller ser mellan fingrar-na på andra typer av beteenden som kan vara minst lika "dåliga". Med DISC som förklaringsmodell blir de fyra grundläggande beteendeprefe-renserna urskiljbara och tydliga, både ur ett perspektiv av uppnående- och undvikandemotivation. Du kanske redan uppmärksammade detta i de intervjuer du tidigare läste. Patric, Elisabeth, Anders och Amanda ut-tryckte alla hur de vill se sig själva men också hur de inte vill se sig själva, även om de inte uttryckte det explicit. En enkel regel är dock att när en person uttrycker undvikandemotivation talar hen ofta om vad hen *inte är*, *inte vill ha* eller *inte vill* ska hända. Uppnåendemotivationen uttrycks så-ledes mer i termer av jag *är*, *vill ha* och *vill åstadkomma*. Enkelt förklarat, skulle de fyra grundläggande DISC-preferensernas uppnående- och undvikandemotivation kunna beskrivas på följande sätt:

En person med stark D-preferens vill vara och uppfattas som *direkt, handlingskraftig, rak, initiativtagande, modig, snabb* och *oberoende*. Samtidigt har den svårt att se sig själv som, eller är till och med rädd att vara, *inväntande, passiv, otydlig, initiativlös, feg, långsam* och *beroende*.

Vill vara:
- Direkt
- Tydlig
- Initiativtagande
- Modig
- Snabb
- Oberoende

Rädd för att bli:
- Långsam
- Otydlig
- Initiativlös
- Feg
- Långsam
- Beroende

En person med stark I-preferens vill vara och uppfattas som *positiv, möjlighetssökande, öppen, flexibel, inspirerande och inflytelserik.* Samtidigt har den svårt att se sig själv som, eller är till och med rädd att vara, *negativ, felsökande, sluten, rigid, tråkig och intetsägande.*

Vill vara:
- Positiv
- Möjlighetssökande
- Öppen
- Flexibel
- Inspirerande
- Inflytelserik

Rädd för att bli:
- Negativ
- Felsökande
- Sluten
- Rigid
- Tråkig
- Intetsägande

En person med stark S-preferens vill vara och uppfattas som *stabil, lugn, empatisk, planerande, samarbetsvillig* och *uthållig.* Samtidigt har den svårt att se sig själv som, eller är till och med rädd att vara, *oberäknelig, hetsig, oförstående, oplanerad, individualistisk* och *impulsstyrd.*

Vill vara:
- Stabil
- Lugn
- Empatisk
- Planerande
- Samarbetsvillig
- Uthållig

Rädd för att bli:
- Oberäknelig
- Hetsig
- Oförstående
- Oplanerad
- Individualistisk
- Impulsstyrd

En person med stark C-preferens vill vara och uppfattas som *noggrann, genomtänkt, analyserande, korrekt, faktabaserad* och *förberedd.* Samtidigt har den svårt att se sig själv som, eller är till och med rädd att vara, *slarvig, ogenomtänkt, förhastad, opassande, godtycklig* och *oförberedd.*

Vill vara:
- Noggrann
- Genomtänkt
- Analyserande
- Korrekt
- Faktabaserad
- Förberedd

Rädd för att bli:
- Slarvig
- Ogenomtänkt
- Förhastad
- Opassande
- Godtycklig
- Oförberedd

Motivation att förändra ett beteende

De flesta känner till det gamla ordspråket "Det är svårt att lära gamla hundar sitta" och många håller säkert med. Ett ordspråk blir inte ett ordspråk utan anledning. Varför är det då så svårt att förändra något befäst och invant? För att göra det lättare att besvara den frågan, låt oss först börja med att besvara tre andra:

1. Vilka är dina mest framträdande beteenden som du skulle sakna som mest om de försvann?

2. Vilka negativa beteenden kan du missa hos dig själv och samtidigt ha överseende med hos andra?

3. Vilka beteenden retar du dig på mest hos andra och är själv rädd att uppvisa?

Svaren på dessa frågor ger en tydlig indikation på vilka beteenden vi inte vill tappa, vilka av våra egna beteenden vi är beredda att försvara samt vilka beteenden vi absolut inte vill associera med oss själva. Vår undvikandemotivation är alltså minst lika viktig för vår självbild som vår uppnåendemotivation. Just därför är det intressant att reflektera över hur vi också blir den vi *vill vara* genom att undvika att vara den vi *inte vill vara*. I synnerhet blir det viktigt att ta det perspektivet eftersom vår hjärna tenderar att verkligen arbeta utifrån minsta motståndets lag när vi vill undvika något.

Vilka beteenden och egenskaper skulle du aldrig vilja bli associerad med? Är det att vara pushig, konflikträdd, stelbent, byråkratisk, otydlig eller kanske passiv? Oavsett vilka egenskaper du skulle avsky att bli associerad med, drivs din ovilja av din undvikandemotivation. Ju mer du strävar efter att undvika att bli förknippad med något, desto mer anstränger du dig för att bevisa motsatsen. Och ju mer du anstränger dig för att undvika det du är mest rädd att bli förknippad med, desto lättare hamnar du i ett mindre konstruktivt beteende. När du finner en hälsosam balans mellan dina mest framträdande egenskaper och de egenskaper omgivningen önskar att du uppvisar, kan du ta både relationer och uppgifter till en helt ny nivå. Att fastna i rädslan att bli någon du inte vill vara bidrar garanterat till att livet blir mycket jobbigare än vad det behöver vara.

Rädslor kan dränera oss på energi. Du har säkert hört någon säga, eller själv sagt, "jag orkar inte". Inte för att du egentligen inte orkar utan för att det du ska göra kräver mer energi än vad du har för tillfället. Avsaknaden av den energi som behövs har inte sällan en koppling till rädslan för det oförutsägbara som en beteendeförändring innebär. Rädslor kan som sagt också få oss att fokusera på det vi absolut inte vill ska hända. Ofta tror vi att något inte kommer att bli som vi önskar om vi inte är den vi vill vara. Logiskt, eller hur?

Men är vi verkligen den vi är innerst inne i alla situationer? Svaret på den frågan är både ja och nej. De beteenden vi uppvisar tillsammans med andra styrs av våra naturliga preferenser. Det gör att dessa beteenden blir mer eller mindre automatiserade. Men eftersom vi upplever önskemål och ibland krav från vår omgivning, gör vi också en medveten anpassning av våra naturliga preferenser. Önskemålen eller kraven från omgivningen är en medveten tolkning av hur vi bör förhålla oss till en given situation. En medveten tolkning sker i den främre delen av hjärnan som skapar komplexa tankemässiga processer (prefrontala cortex). Det betyder att även om vi i grunden omedvetet styrs av våra mest naturliga beteendepreferenser och bakomliggande motivationer, kan vi välja att också uppvisa beteenden som styrs av medvetna val.

När vi gör medvetna val att förändra vårt naturliga beteende, uppkommer ibland en konflikt mellan den motivation som driver den naturliga beteendepreferensen och de förväntningar vi upplever att vi har på oss själva i situationen. Vår respons på vår omgivning tar fram specifika egenskaper eller beteenden utifrån de intentioner vi har. Beteenden som är styrt från hjärnans prefrontala cortex är lättast att snabbt förändra eftersom vi styr förändringen medvetet. Till exempel kan du välja att vara tyst på ett arbetsplatsmöte även om du har en stark motivation att öppet kommunicera och bidra. I stunden kan du också styra ditt beteende medvetet. Däremot är medvetet valda beteenden svårare att upprätthålla över tid, i synnerhet om de är i konflikt med mer undermedvetet styrda beteenden. Detta gäller i synnerhet om de är i konflikt med bilden vi har av oss själva och våra mest framträdande egenskaper. Är du van att prata mycket och motiverad av att bidra genom att ta mycket plats, kommer det sannolikt att dränera dig att vara tyst möte efter möte. Kanske skapar det till och med en stress som gör att du förr eller senare faller tillbaka i att prata mycket, kanske till och med mer än vad som är lämpligt. Inte för att du vill ta all plats i ett rum, utan snarare för att du upplever dig själv som passiv när du sitter tyst. Och med en stark drivkraft att bidra, skulle att vara en passiv person kunna vara något som går rakt emot den önskade bild du har av dig själv.

Den önskade bild vi har av oss själva är dock mer komplex än de medvetna val vi gör i hjärnans prefrontala cortex. Ganska mycket av den önskade bild vi har av oss själva bygger på den motivation som kommer från det *limbiska systemet*[22]. Den delen av hjärnan processar omvärlden genom känslor. Majoriteten av vår psykiska energi (läs: motivation) kommer också från den delen av vår hjärna. Med hjälp av denna känslomässiga "logik" reglerar vi sedan vårt beteende. Det är därför det ofta är svårare att förändra ett beteende med hjälp av enbart medvetna insikter. För att en mer bestående förändring ska ske, behöver vi förstå vilka känslor som är kopplade till det "logiska" resonemang vi för omkring oss själva. Ibland kan en inre dialog vara alltför mycket baserad på rädslor och hindra oss från att utforska möjliga förändringar av vårt beteende.

---

[22] *Limbiska systemet* är enkelt förklarat den del av vår hjärna som "bedömer" om vi ska uppleva sociala hot eller inte. Vårt beteende motiveras både av sådant som ger känslor av välbehag och sådant som känslor av obehag och det limbiska systemet ser till att vi verkligen känner detta.

Ska jag ändra mig? Men hur blir det då? Kommer andra att ta emot det på ett bra sätt? Kommer de uppskatta mig? Får jag verkligen det resultat jag vill? Kanske inte värt att prova, vad ska folk tycka om jag gör så?

En annan vanlig orsak till varför vårt beteende till största delen blir motivations- och känslostyrt är stress. Om vi tar oss tillbaka till exemplet med att vara tyst på arbetsplatsmötet, är risken ganska stor att vi överanvänder vissa beteenden för att tillfredsställa den psykiska energin som kommer från limbiska systemet. Den psykiska energin skapar "logik" i prefrontala cortex och skulle kanske i föregående exempel vara upphov till en inre röst som säger: "Jag kan inte bara sitta tyst, vad tänker de om mig då?", "Nu är jag passiv, säg något då, även om du inte vet" eller "Jag har massor av idéer som hjälper till här, de kommer aldrig på det själva så jag måste berätta allt detta".

Slutligen, även om den kanske inte har så mycket med utvecklandet av våra naturliga preferenser att göra, bör vi ändå nämna den äldsta delen av vår hjärna, *hjärnstammen*[23]. Den har en betydande funktion för våra mest primära kamp- och flyktbeteenden. Med en primär uppgift att under hot och stress få en organism att överleva, har den delen av vår hjärna fokus på: Var finns hotet? Fight, flight or freeze! När dessa "ryggmärgsreaktioner" tillåts styra över vårt beteende blir skalan av beteendepreferenser betydligt fattigare. Ibland kan dock en individ tillskrivas egenskaper som egentligen är en produkt av faktorer i omgivningen och upplevd stress, inte av individens naturliga beteendepreferenser.

---

[23] *Hjärnstammen* är ofta i vardagsmål benämnd som "reptilhjärnan" och är vår äldsta del av hjärnan som styr instinkter som kamp eller flykt. Den primära funktionen är att lokalisera och skydda oss från hot som kan skada oss fysiskt.

Här är det som är bra att komma ihåg

- Motivation är energi och energi kan vara riktad åt olika håll.

- Utifrån DISC-teorin disponerar vi över fyra tydliga "motivationskonton" som driver vårt beteende i olika situationer:
  1) Att utmana, styra och kontrollera.
  2) Att påverka, bidra och influera.
  3) Att följa, stabilisera och tillhöra.
  4) Att efterfölja, granska och bevisa.

- Vi har, medvetet eller undermedvetet, investerat mer energi i något eller några av dessa konton och de konton som har mest energi används mest frekvent och bidrar till våra mest naturliga beteenden.

- Vi känner igen oss själva genom de beteenden som drivs av den motivation som är starkast.

- Vår motivation kan både ha sin grund i det vi vill uppnå, men även av det vi vill undvika och hjärnan prioriterar per default det vi ska undvika.

- Vi är medvetet eller undermedvetet rädda för att bli uppfattade på ett sätt som inte stämmer med vår egen uppfattning av oss själva.

- Även om mycket av vårt beteende styrs utifrån våra naturliga preferenser, gör vi medvetna val för att anpassa beteendet till omgivningen.

- Under stress styrs vårt beteende av de mest energisparande processerna vilket innebär att vi gör mindre medvetna val när vi använder ett visst beteendemönster.

DU ÄR DEN DU ÄR

Om du verkligen vill förstå något, försök att ändra det.
Kurt Levin

Tänk på någon som känner dig väl. Det kan vara en av dina bästa vänner, din partner eller en nära arbetskamrat. Tänk dig att den personen skulle beskriva dig för någon som aldrig tidigare träffat dig.

1. Vilka egenskaper tror du att hen skulle beskriva dig med?
2. Vilka egenskaper skulle hen aldrig skulle använda för att beskriva dig?

Kanske kan du omedelbart komma på vilka egenskaper som tydligt definierar och inte definierar dig som person. Kanske har du svårt att sätta fingret på några specifika egenskaper. För vissa människor är det som sagt lättare att beskriva egenskaper som de tycker att de inte har och för andra är det tvärtom.

När vi tänker på oss själva brukar det emellertid finnas vissa egenskaper som vi gärna vill bli förknippade med. Och lika ofta finns det också ett antal andra egenskaper som vi absolut inte vill se i oss själva. Egenskaperna, oavsett vilka, är en del av vår personlighet. Vi känner igen vår personlighet genom dessa egenskaper och ofta blir vi kanske också bekräftade av andra att vi är på ett visst sätt.

Varför är vi som vi är? Frågan är värd att ställa, även om det huvudsakliga syftet med denna bok inte är att förklara *varför* människor är som de är. Men låt oss ändå ägna några rader till att åtminstone göra ett försök att besvara den frågan. För att kunna göra det på ett tillräckligt adekvat sätt behöver vi börja från början.

Personlighet

Inom psykologin finns det olika definitioner av människans personlighet. Det är kanske inte så konstigt eftersom förklaringarnas art beror på vilken teoretisk utgångspunkt de baseras på. Utan att bli alltför komplex eller att helt förringa all den forskning som gjorts, kan man säga att en människas personlighet kan definieras som: en människas *över tid och i olika situationer bestående och typiska mönster av känslor, tänkande och beteenden.*

När vi föds styrs och regleras vår hjärnas utveckling i mycket hög grad av den omgivande miljön. Precis som för djur, formas en del av våra beteenden utifrån den input vi får av den fysiska omgivning vi befinner oss i. Ju mindre en hjärna är, desto snabbare når den sin fulla kapacitet med hjälp av den fysiska omgivningens stimuli. Ja, jag menar alltså inte nu att det finns människor med små hjärnor som utvecklas snabbare, jag hänvisar såklart i allmänhet till skillnaden mellan vissa djurarter och i synnerhet mellan exempelvis en reptil och en människa. Om en reptils hjärna skulle behöva lika lång tid att utvecklas som en människas hjärna från barn till vuxen skulle nog reptilen som art vara utdöd för länge sedan. Forskare är idag ganska överens om att det tar ungefär 25 år att utveckla en mänsklig hjärna med en unik personlighet, tydliga beteendepreferenser och styrande principer.

När en människa växer upp består förstås den omgivande miljön inte bara av den rent fysiska, utan också den sociala[24]. Allt som sker i den sociala miljön påverkar utvecklingen av våra hjärnor. När en förälder håller sitt nyfödda barn i sina armar visar föräldern sitt ansikte på precis rätt avstånd för att lära barnets hjärna att bearbeta och känna igen ansikten och ansiktsuttryck. När en förälder i ett senare skede under barnets uppväxt uttrycker starka politiska åsikter påverkas också barnets uppfattning

---

[24] *Social miljö* omfattar det sociala sammanhanget ett barn växer upp i. Till det sociala sammanhanget räknas till exempel familjens levnadsvillkor, kultur, inkomst, utbildning, bekantskapskrets och olika sociala sammanhang in.

av världen. Allt i den sociala miljön har en potentiell påverkan. Men det intressanta är inte allt som händer i den sociala miljön. Det intressanta är det som händer *mest frekvent* i den sociala miljön. Ju fler gånger vi upplever samma sak i vår sociala miljö, desto mer sann blir övertygelsen att saker och ting förhåller sig på ett visst sätt. Detta gäller lika mycket för de bevis vi hittar i synen på oss själva som de bevis vi hittar kopplat till hur vi själva ska förhålla oss till vår omgivning. *Repetition är kunskapens moder* brukar det ju heta. Under uppväxten tar alltså våra sinnen in stimuli från vår omgivning och påverkar våra hjärnor att utvecklas på ett visst sätt. Den gradvisa förändringen som sker i vår hjärna brukar benämnas som hjärnans *plasticitet*[25]. Plasticiteten gör att vi hela tiden blir påverkade att utveckla vissa beteenden baserat på två huvudsakliga processer som på engelska kallas *pruning* (beskärning)[26] och *tuning* (fininställning)[27].

Genom att ta bort processer och kopplingar som sällan används och samtidigt förstärka de som frekvent används, sparar vår hjärna energi samtidigt som den förstärker de mest invanda beteendemönstren vi utvecklar. "Pruning- och tuningprocessen" ser också till att på gott och ont skapa invanda mönster, eller *kognitiva scheman*[28] som det också kallas, baserade på vad vår hjärna stimuleras med och sedermera fokuserar på. Det är troligtvis större sannolikhet att ett barn som under sin uppväxt upplevt mycket öppen kommunikation och uttryck av känslor från sina föräldrar också själv utvecklar ett mer öppet förhållningssätt till känslor och kommunikation. Ett barn som ofta själv fått lösa problem i nya situationer kommer sannolikt att utgå från att nya situationer är lika med utmaningar som ska lösas av en själv. Medan ett barn som under sin upp-

---

[25] *Hjärnplasticitet är vår hjärnas förmåga att* omorganisera sig så att vi som individer hela tiden lär oss nya saker och kan förbättra vår hjärnas funktioner.

[26] *Pruning* betyder att vår hjärna "knoppar av" kopplingar eller processer som sällan används.

[27] *Tuning* betyder att vår hjärna förstärker kopplingar eller processer som ofta används.

[28] *Kognitiva scheman* är mentala ramar som vi utvecklar och använder för att organisera vår kunskap och förstå exempelvis sociala spelregler, stereotyper, sociala roller och paradigm.

växt ofta samarbetat med sitt syskon när det ställts inför utmaningar sannolikt har lättare för att tänka på problemlösning utifrån samarbete och dialog. Många forskare hävdar att cirka 40–50 procent av vår personlighet beror på genetiska faktorer och att resterande del är påverkad av både *miljöunika*[29] och *miljölika*[30] faktorer. Forskning visar också att så kallade miljölika faktorer har minst betydelse för utvecklandet av personligheten. Detta baseras bland annat på rigorös forskning på enäggstvillingar som fått växa upp i olika miljöer. Viss forskning[31] har visat att en del av våra egenskaper är kopplade till den biokemiska sammansättningen vi har eller föds med. Till exempel tycks det finnas ett visst stöd att människor med mer aktiva *Dopaminsystem*[32] har mer framträdande del av beteendepreferensen *Extraversion*[33] i sin personlighet. Men det är också mycket svårt att säga till vilken grad dessa nivåer är medfödda alternativt utvecklade med påverkan från omgivningen. Även om modern forskning visar att det genetiska arvet verkar ha större betydelse än miljön, är den långt ifrån att helt kunna förklara varför vi är som vi är. Beakta också att detta är idag och för 30 år sedan var resultaten annorlunda. Bevispendeln svänger fram och tillbaka inom de flesta discipliner, men kanske i synnerhet inom en disciplin som psykologi. Men en sak kan vi vara säkra på. Vi är biokemiska varelser och vi blir den vi blir med hjälp av vår omgivning, men även utifrån vår fysiologiska "grundplåt".

---

[29] *Miljöunika faktorer* är för en individ unika livshändelser, till exempel trauman, som individen varit med om.

[30] *Miljölika faktorer* är till exempel uppfostran och värderingar man får med sig från hemmiljön.

[31] DeYoung, Colin G. *The neuromodulator of exploration: A unifying theory of the role of dopamine in personality*

[32] *Dopamin* är en signalsubstans som bland annat reglerar motorik, vakenhet, glädje, entusiasm, uppmärksamhet och motivation

[33] *Extraversion* är en faktor i den så kallade Big Fiveteorin. Inom psykologin är det den personlighetsteori som idag har mest stöd i forskning. Den särskiljer fem faktorer som man menar är centrala för en människas personlighet.

Själva självbilden

Låt oss nu för en stund lämna "varför vi är som vi är-frågan" och neuroscienceperspektivet. Låt oss istället fokusera på *vem-*, *vad-* och *hurfrågorna* en stund. Om vi något förenklat säger att att din *personlighet* ligger närmare *vem* du upplever dig *vara*, med allt vad det innebär, ligger ditt *beteende* närmare *vad* du upplever dig *göra* och *hur* du *gör* det. Om du till exempel anser att du *är* en ödmjuk person, kommer det att visa sig i vad du *gör*. Du kanske väljer att inte berätta öppet om dina framgångar för andra. Eller kanske lyfter du först fram andras prestationer för att bevisa att du är en ödmjuk person. Det finns såklart ingen exakt definition om vad att vara ödmjuk betyder i konkreta beteenden. Allt handlar om vad du kopplar för beteende till, i det här exemplet, adjektivet ödmjuk. Men att *vara på ett visst sätt* och *göra vissa saker* hänger ihop och kanske kan de separeras bara i teorin.

Ju oftare du gör något, desto lättare är det att du och även andra får en bild av att du är på ett visst sätt. Till exempel kanske du ställer detaljerade frågor för att du tycker att informationen ofta är otydlig på jobbet. Är du då detaljerad som person eller påverkar dina behov dig att ställa tillräckligt många detaljerad frågor så andra tillskriver dig en egenskap att vara detaljerad? Svaret blir nog som för det mesta när det gäller mänskligt beteende ... *det beror på*. Det beror på vem som bestämmer, eller hur? Och den enda som faktiskt kan bestämma är du. Andra kan ha åsikter om vem du är och vilka egenskaper de vill koppla till dina uppvisade beteenden. Men faktum är att det trots allt bara är du som kan veta vem du är, eftersom det bara är du som känner dig själv inifrån. Andra känner dig faktiskt "bara" utifrån. Det betyder att andra får ta del av en relativt liten bit av den du egentligen är.

Med all den information du har om dig själv inifrån, är nog risken stor att du upplever dig själv som betydligt mer mångfacetterad än vad andra gör. När vi pratar om "är" och "gör", kan det vara svårt att veta vad som egentligen är hönan eller ägget. Skillnaden mellan ett beteende och en egenskap kan ibland vara hårfin och svår att avgränsa. Ett sätt att försöka skilja dem åt är emellertid att definiera ett *beteende* som något *du kan lära dig över tid*, medan *egenskaper* då skulle vara *mer nedärvt från födseln* och därmed en del av vår personlighet. Att beskriva skillnaden på det sättet skulle då innebära att våra egenskaper gör det mer eller mindre lätt att utveckla vissa beteenden. Inte bara utifrån den genetiska kodningen utan också utifrån vår vilja eller ovilja att utveckla vissa beteenden utifrån hur vi tycker att vi är som personer.

Väl medveten om att det är möjligt att gräva in sig hur långt som helst i en teoretisk diskussion om "är" och "gör" vill jag påpeka att poängen med diskussionen inte är att ge heltäckande förklaringar till varför vi människor beter oss som vi gör. Inte heller är ambitionen att beskriva vår personlighet. Poängen är snarare att ge en möjlig förklaring till varför vi förstärker vissa beteenden och samtidigt kraftigt reagerar negativt eller kanske till och med föraktar andra. Med det i åtanke, låt oss gå tillbaka till de frågor jag ställde i början på detta kapitel. Men istället för att fundera på hur någon annan skulle beskriva dig, vill jag den här gången att du låter dig själv svara på följande frågor: *Vad har jag för egenskaper som aldrig försvinner oavsett vilken situation jag befinner mig i? Hur är jag – innerst inne?* Jag har ännu inte träffat en enda person som direkt kunnat ge ett klockrent svar på föregående frågor. Det beror naturligtvis på att frågorna är så komplexa och att man behöver se sig själv från så många olika perspektiv för att överhuvudtaget kunna komma nära ett tillfredsställande svar. I realiteten blir det därför inte ens värt att försöka för många. Men eftersom vi är sanningssökande varelser borde vi ändå göra ett försök att söka svaret på frågan, dock utan att hamna i en diskussion om rätt och fel eller bra och dåligt.

Jämför dig själv, din personlighet och dina beteenden med hur en dator fungerar. I en dator finns det något som kallas för maskinvara. Egentligen är det inte en sak utan ett samlingsnamn för alla fysiska delar som driver själva datorn. De är ungefär som din fysiska kropp och möjligen de allra äldsta delarna i din hjärna, *hjärnstammen* och *limbiska systemet*. I en dator finns också ett operativsystem. Det är länken mellan maskinvaran och

de tillämpningsprogram du som användare vill använda. Vissa tillämp-
ningsprogram är byggda för ett visst operativsystem, vilket innebär att
de inte fungerar särskilt bra, eller kanske för det mesta inte ens kan in-
stalleras i ett annat operativsystem . En del program fungerar bra men du
föredrar ändå att använda ett annat motsvarande program med liknande
egenskaper, fast kanske från en annan tillverkare. Det kanske beror på att
du tycker att ett visst program är mer användarvänligt eller att du helt
enkelt bara använder det av gammal vana. Vårt mänskliga "operativsy-
stem" består av hela vår personlighet, våra lagrade erfarenheter, djupa
värderingar, utvecklade kompetenser med mera. Det fungerar ungefär
på samma sätt som datorns operativsystem och våra kärnkvalitéer funge-
rar som "tillämpningsprogram". Vissa av tillämpningsprogrammen körs
väldigt ofta och kanske till och med startar i samband med uppstarten
(läs: när vi vaknar och kliver upp på morgonen).

När vi under livet uppdaterar vårt "operativsystem", kanske genom att
skaffa familj, byta jobb, avsluta en idrottskarriär eller genomför någon
annan större förändring, följer dessa program med. Visserligen som
uppdaterade versioner men med samma välbekanta funktioner. Utan
dessa skulle vi förmodligen fungera ganska dåligt. Vi skulle bli väldigt
vilsna och ifrågasätta oss själva och vår identitet. Dessa är tryggheten i
vår självbild, det som gör att vi känner igen oss själva inifrån och troligt-
vis det andra ger oss bekräftelse på utifrån.

Vår personlighet är alltså en relativt svårdefinierad cocktail av biologi,
kulturpåverkan, erfarenheter, kunskaper, värderingar, attityder och käns-
lor med mera. Allt detta sammanblandat bidrar till en självmedvetenhet
som definierar oss utifrån de egenskaper som vi ser oss själva ha. Vissa
egenskaper ser vi lättare än andra, kanske för att vi vill, men också för att
vi önskar bli uppfattade av andra på det sättet. Det är viktigt för oss att få
vara oss själva, men det är minst lika viktigt att slippa vara någon vi upp-
lever att vi inte är. Fundera över: *Hur ser ditt "operativsystem" ut? Vilka
"program" kör du för det mesta i ditt "operativsystem", oavsett vilken miljö
du befinner dig i? Vilka "program" har följt dig genom livet och starkt
bidragit till din självbild?*

Det är svårt att lära gamla hundar sitta

Det är inte ovanligt att vi ibland får "goda" råd av andra att bli något annat än vi är. Det kan till exempel betyda att om vi är tystlåtna, uppmanas vi att bli mer utåtriktade eller om vi är direkta ska vi bli mer reflekterande. Det kan faktiskt vara lite problematiskt. Missförstå mig rätt här, problemet är inte att vi uppmanas att utveckla delar hos oss själva eller att förändra ett visst beteende. Det problematiska är ordet *bli*. Istället för att försöka bli något vi inte är, borde vårt förhållningssätt snarare vara att acceptera att vissa av våra beteenden eller egenskaper är mer framträdande än andra. Att dementera detta faktum vore i princip samma sak som att säga att vi saknar personlighet. För att inte ignorera det faktum att vi alla har naturliga preferenser, blir *använda* ett viktigt nyckelord. Att använda våra outnyttjade sidor betyder inte att vi ska bli någon annan än det vi redan är.

Jag tror att du vid det här laget kan skriva under på att vissa av dina beteenden känns svårare att förändra än andra. Men också att det kanske inte är lika lätt att förklara varför det är så. Människor säger ibland "det där är precis jag" eller "… absolut inte jag". När jag hör någon säga någon av ovanstående fraser har de i regel kopplat vissa egenskaper till uttrycken. Egenskaper som gör att de känner igen sig själva väldigt väl alternativt inte alls. Vad är det då som gör att vi känner igen oss eller inte? En enkel och användbar förklaringsmodell kan vi hitta i författaren Daniel Ofmans modell *Kärnkvadranten*[34]. Enligt Ofman är alla människor födda med ett antal *Kärnkvalitéer*. Det kan sägas vara egenskaper som vi känner ligger väldigt nära den vi är som person. Detta är egenskaper som vi tycker är ständigt närvarande i vår personlighet. Det kan till exempel för någon vara flexibel, för någon annan noggrann och en tredje känslig eller driven.

---

[34] *Kärnkvadranten* är en modell som hjälper människor att se sina egna styrkor och svagheter. Modellen skapar också en förståelse för varför vissa egenskaper nästan är oförenliga med en själv samt vilka beteenden som kan irritera eller till och med skapa känslor av avsky. Mer om teorin bakom modellen går att läsa om i Daniel Ofmans bok *Core Qualities: A Gateway to Human Resources*.

Kärnkvadranten ger ingen förklaring till varför vi har de kärnkvalitéer vi har och inte heller hur många eller vilka av dem som är nedärvda eller framväxta ur den miljö som präglat oss. Det är så klart inte heller syftet med modellen. Syftet är snarare att göra en reflektion omkring vår *självbild*[35]. Det finns massor av olika kärnkvalitéer som kan bidra till vår självbild, men enligt Ofman är varje enskild person född med några som är extra tydliga.

Det finns, som tidigare sagts, ingen värdering kopplad vilka kärnkvalitéer du anser dig ha eller förklaring till varför du har just dessa. Men kärnkvalitéer är något vi inte kan ta bort hos oss själva. Vi kan endast välja att inte visa upp dem vid olika tillfällen eller situationer vi ställs inför. Vi använder dem lätt utan särskilt mycket medveten mental energi. Det gör att vi också blir väldigt bra på att använda beteenden som är kopplade till våra kärnkvalitéer.

Om du till exempel har kärnkvalitén "inkännande" har du troligtvis också lätt för att utveckla eller använda beteenden som ligger i närheten såsom inlyssnande, förstående, empatisk och så vidare. Ofta blir du även bekräftad av andra för just dessa beteenden. Inte sällan blir det till slut något som är så självklart att du kanske inte ens betraktar det som en naturlig styrka hos dig själv. Det är lite som att varje dag betrakta dig själv i samma spegel från samma vinkel. Väldigt sällan funderar du på vem som står där framför dig och du är förmodligen ganska säker på vad du kommer att se i spegeln precis innan du ställer dig framför den. Det är inte förrän du har flera speglar, som i en provhytt, som du kan se dig själv från andra vinklar och då möjligen få information om dig själv som du vanligtvis inte får i din vanliga spegel.

---

[35] *Självbilden* är vår sammanfattade syn på oss själva. Den påverkar vårt sätt att uttrycka oss både verbalt och ickeverbalt när vi interagerar med andra. Den ger oss också information om hur vi tror att vi uppfattas och vill bli uppfattad av andra. Självbilden kan vara olika beroende på vilken situation eller miljö vi är i och förändras också genom livet.

Spegla dig i Kärnkvadranten

All egenutveckling börjar med någon form av kartläggning. Allt som oftast är det någon form av *självobservation*[36] som sedan efterföljs av en *självreflektion*[37]. "Jag har minsann bra koll på mig själv", kanske du tänker. Och visst, du har levt med dig själv hela livet så det är klart att du har det. Du har också hunnit observerat dig själv i ett antal situationer. Men har du tänkt på att din observation för det mesta gjorts inifrån dig själv? Ett litet problem med det, är att vi inifrån oss själva för det mesta endast bekräftar det vi vill se. Det betyder att vi ganska lätt kan notera de beteenden vi kopplar till de så kallade kärnkvalitéer vi tycker oss ha. Samtidigt har vi betydligt svårare att se hur dessa, om ens bara tillfälligt, skulle kunna ersättas av beteenden som vi uppfattar ligger långt ifrån den kärnkvalité vi tycker oss ha. På "psykologiska", som en av mina bekanta brukar säga, kallas det för vi har en *kognitiv bias*[38]. I det här fallet är den representerad i formen av vår tendens att notera detaljer som kan befästa vår befintliga uppfattning om något, till exempel att vi har en speciell kärnkvalité.

Att vi går omkring med föreställningar om att saker och ting förhåller sig på ett visst sätt, får vi nog bara vackert acceptera. Men det betyder också att vi behöver lyfta fram och ifrågasätta våra sanningar, i synnerhet om det inte längre finns några konkreta bevis för dem längre. En annan vik-

---

[36] *Självobservation* kan enkelt förklaras som den uppmärksamhet som jag riktar för att så icke-värderande som möjligt notera mina egna beteenden, attityder, känslor, tankar och reaktioner. Att göra en observation av sig själv ska inte förväxlas med att göra en *självvärdering* där värderingen, bra eller dåligt, av vad jag gör spelar en större roll.

[37] *Självreflektion* handlar om att fundera över hur jag är och beter mig, tänker och känner i olika sammanhang och vad mina beteenden, attityder, känslor, tankar och reaktioner gav (om jag redan gjort det) eller skulle kunna ge för olika konsekvenser eller resultat i en kommande situation.

[38] *Kognitiv bias* är ett samlingsnamn för ett antal psykologiska mönster som kan få vår subjektiva bild av omvärlden att avvika från verkligheten. Vi har ett stort antal tankemässiga filter som gör att vi tolkar information utifrån vad vi redan vet eller tror oss veta. När vi utsätts för ny information tenderar vi att på olika sätt omtolka den så att den passar in strukturer vi redan känner till och är bekväma med.

tig faktor som bidrar till att vi ser på oss själva på ett visst sätt är att vi har en så kallad *selektiv perception*[39]. Vi kommer alltså aldrig att kunna att vara helt öppna för det våra sinnen skulle kunna ta in med all sin kapacitet. Om vi gjorde det skulle vi dessutom ganska snabbt bli desorienterade. För att skapa mening behöver vi alltid ha ett smalare fokus som filtrerar bort det vi upplever vara irrelevant.

Utifrån samma principer fungerar vår självobservation. Vi noterar främst det vi lägger fokus på och det vi lägger fokus på är det vi känner igen oss i. Även om vi går in i en situation så förutsättningslöst som möjligt kommer vi, medvetet eller undermedvetet, att använda beteenden som stämmer överens med hur vi ser på oss själva. Faktum är att vi har gjort det så många gånger att vi till och med glömt bort att vi faktiskt filtrerar vår värld genom just det sättet att vara. Vi tolkar också andras beteende genom detta filter. Ofmans modell Kärnkvadranten hjälper oss att att synliggöra våra filter, dels genom att få oss att reflektera över vår självbild och dels genom att medvetandegöra oss själva på hur vi ser på egenskaper som inte känns som en naturlig del av vår självbild. Faktum är att dessa egenskaper till och med kan vara något vi retar oss på hos andra. Men som Carl Jung en gång lär ha sagt: Allt som vi retar oss på hos någon annan kan hjälpa oss att förstå oss själva bättre. Så hur fungerar då Kärnkvadranten som reflektionsmodell i praktiken? Låt oss ta ett exempel.

I efterföljande exempelbeskrivning av Kärnkvadranten använder jag *flexibel* som en signifikant kärnkvalité hos en person. Eftersom det då är naturligt för personen att vara just flexibel är det också så den känner igen sig själv inifrån och så den vill bli uppfattad av andra. Flera beteenden nära associerade till just den kärnkvalitén är sådana personen sannolikt tar för givet hos sig själv och till viss mån även hos andra. Det är dessa

---

[39] *Selektiv perception* betyder i detta sammanhang helt enkelt att vi uppfattar det vi vant oss vid att uppfatta hos oss själva. Vår hjärna har en tendens att stänga ute saker från vårt medvetande som inte passar vår invanda föreställning av den vi är.

beteenden som personen medvetet eller undermedvetet både eftersö-
ker att få och får bekräftelse för.

Med flexibel som kärnkvalité finns det också en stor risk att personen vid
vissa tillfällen överdriver sin flexibilitet. I kärnkvadranten kallas det för att
hamna i sin *Fallgrop*. Att använda för mycket av den naturliga kärnkvali-
tén blir sålunda personens naturliga svaghet. I detta fall skulle exempel-
vis *ostrukturerad* kunna bli personens fallgrop.

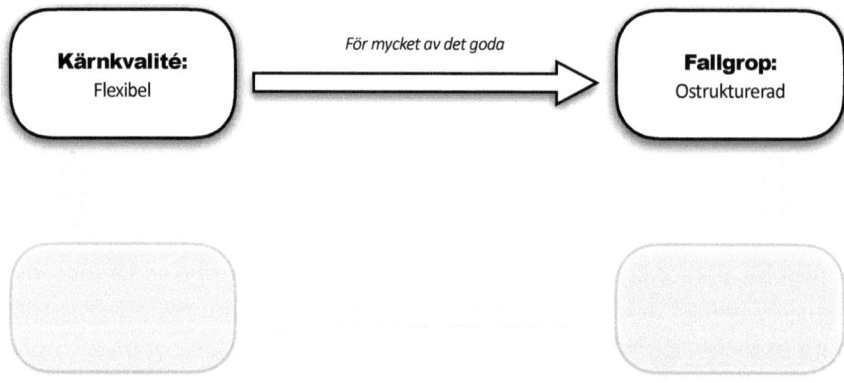

Motsatsen till det vi kallar fallgrop är personens *Utmaning*. Utmaningen
är en egenskap som balanserar den naturliga kärnkvalitén och får per-
sonen att bli mer komplett. Denna egenskap utgör också samtidigt ett
slags botemedel mot att hamna i sin fallgrop. I vårt exempel skulle *struk-*

turerad kunna vara den utmaning som hindrar personen från att bli ostrukturerad.

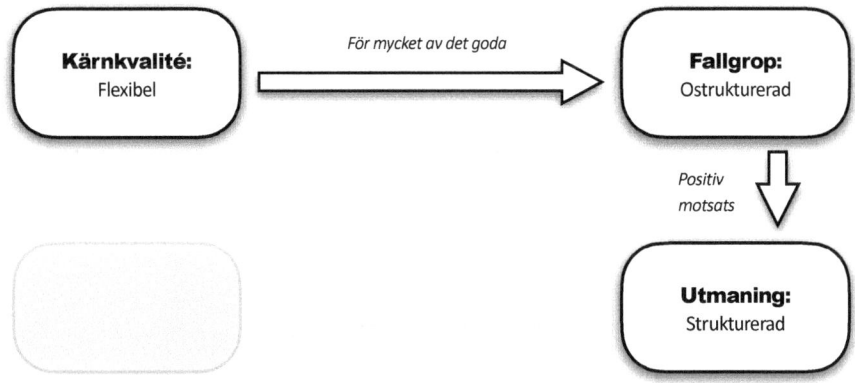

För mycket utmaning kan dock trigga igång, vad Ofman kallar för, personens *Allergi*. Allergin är både en överdrift av utmaningen och vanligtvis en negativ motsats till den naturliga kärnkvalitén. Det är något personen absolut inte vill bli uppfattad som. I vårt exempel skulle *rigid* kunna vara personens allergi. Det intressanta är att allergin inte bara kan härledas till vad personen inte själv vill vara, utan också till vad den rädd för att bli om den skulle anta sin utmaning. Det är högst sannolikt också något som personen kan irritera sig på hos andra. Det innebär att om vår exempelperson upplever någon som rigid är risken stor att hen själv hamnar i sin fallgrop genom att försöka skapa för mycket flexibilitet.

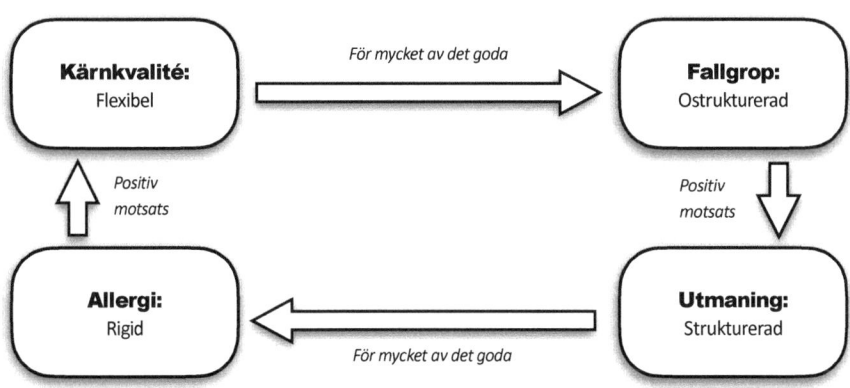

Det kan vara svårt att hitta en balans mellan en kärnkvalité och dess utmaning. Om vår exempelperson, i sin strävan att undvika att bli ostrukturerad, slutar vara flexibel är det som att nedvärdera en del av sig själv. Nyckeln till framgång är inte att ta bort något hos sig själv. För vår exempelperson handlar det istället om att se flexibel och strukturerad som något *samtidigt existerande* istället för *antingen eller*. Det kan dock finnas ett stort motstånd att se det så eftersom vi tenderar att se vår utmaning som en motsats istället för ett komplement till vår kärnkvalité. Prova nu att göra en egen kärnkvadrant nedan. Basera den på en tydlig positiv egenskap du tycker dig ha.

1. Börja med att skriva ned den positiva egenskapen i rutan *Kärnkvalité*.

2. Fundera sedan på vad du riskerar att uppvisa om du överanvänder din kärnkvalité. Skriv ned den negativa egenskapen i rutan *Fallgrop*.

3. Fundera sedan över vad som skulle kunna förhindra dig från att hamna i din fallgrop. Skriv ned den positiva egenskapen i rutan *Utmaning*.

4. Slutligen, reflektera omkring vad du är rädd för att du skulle kunna bli om du överanvände den egenskap du placerat som din utmaning. Skriv ned den negativa egenskapen i rutan *Allergi*.

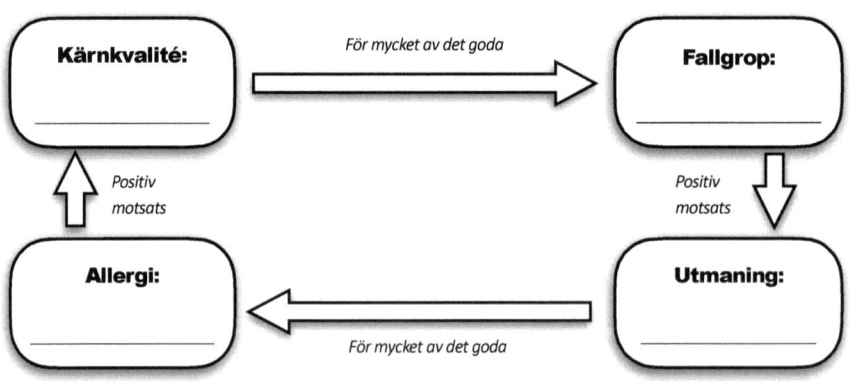

Här är det som är bra att komma ihåg

- Vi är biokemiska varelser som genom miljöpåverkan utvecklar en personlighet med vissa bekväma och invanda beteendemönster.

- Vår personlighet är komplex och går inte att beskriva med ett antal statiska egenskaper.

- Vår självbild drivs av både den vi vill vara och den vi absolut inte vill vara.

- Vi strävar alltid efter att upprätthålla den självbild vi har. Därför undviker vi vissa beteenden och favoriserar andra beteenden.

- De beteenden vi undviker kan också vara de beteenden vi har svårast att hantera eller acceptera hos andra människor.

- Vi upplever oss själva på ett visst sätt med vissa egenskaper tydligare än andra, dessa kan vi kalla kärnkvalitéer.

- När vi överanvänder våra kärnkvalitéer kan dessa bli våra största fallgropar.

- Vår utmaning är att använda beteenden som balanserar våra kärnkvalitéer och hindrar dem från att bli till fallgropar.

- Eftersom vi är rädda att bli uppfattade som en person som är den negativa motsatsen till vad vi ser vara våra kärnkvalitéer, hittar vi inte alltid balansen mellan en kärnkvalité och utmaning.

AUTOPILOTEN

När du ändrar ditt sätt att se på saker, ändras de saker du ser på.

Wayne Dyer

Kan du påverka utgången av en given situation? Självklart kan du det och säkert fokuserar du också på vilket resultat du vill ha i en specifik situation. Men hur ofta tänker du på vilken inställning du *går in* med i situationen? Jag vågar påstå att de flesta av oss inte tänker särskilt mycket på just det i vardagen. Låt oss därför börja med att resonera lite omkring vår EQ. "Vadå resonera lite omkring vår EQ?" kanske du tänker. Jo, så här: Vanligtvis brukar man associera förkortningen EQ till två, för många, välkända saker:

1. Emotionell intelligens, vår empatiska förmåga att kunna förstå och handskas med egna och andras känslor, etablera och upprätthålla relationer samt att motivera oss och förstå andras motivation.

2. Equaliser, ett verktyg som kan höja och sänka volymen i ett utvalt frekvensområde i huvudsakligt syfte att balansera ljudet för att skapa den bästa upplevelsen av det man vill lyssna till.

Med dessa två utgångspunkter, låt oss backa tillbaka till det faktum att du alltid kan göra något för påverka utgången av en given situation, samt att du också alltid går in i en situation med en viss inställning. Det är framförallt två parametrar som är bra att ha i åtanke:

- Hur ser jag på mig själv och min omgivning i situationen?

- Vad tror jag kommer att vara det bästa sättet för mig att agera om jag vill uppnå det jag vill?

Det handlar alltså om den interna bilden av mig själv kontra vad jag upplever är socialt önskvärt i situationen i relation till det mål jag har.

EQ som i emotionell intelligens

När jag och min forne kollega skrev boken *Tänk om – att arbeta med social kompetens i skolan*, funderade vi en hel del på emotionell intelligens (EQ) och vad som eventuellt skiljer den från social kompetens. Vi kom då fram till att EQ, som vi såg det, var en del av den sociala kompetensen. Andra har kanske kommit fram till en omvänd slutsats. Vad som är rätt eller fel är av akademisk betydelse. Det som är av betydelse är att både väl utvecklad social kompetens och emotionell intelligens har med en god självinsikt och konkreta beteenden att göra.

Den kanske mest kända person som diskuterat betydelsen av EQ i modern tid är Daniel Goleman. Hans bok från 1995, *Emotional Intelligence*, fick redan vid utgivningen en stor genomslagskraft och har idag sålts i över fem miljoner exemplar. Han var emellertid inte den förste som lyfte upp vikten av att förstå känslans intelligens, men definitivt en av de första att nå ut så brett med budskapet illustrerat i någon form av förståelig modell. Goleman visar, i sin modell av EQ, fyra grundläggande beståndsdelar vilka beskrivs mycket förenklat i efterföljande punkter.

- *Självkännedom* – vår förmåga att förstå oss själva, våra behov, känslor, styrkor och svagheter.

- *Självmotivation* – vår förmåga att ta fram rätt resurser för att nå våra mål och i det orka möta motstånd.

- *Social medvetenhet* – vår förmåga att förstå andra genom att vara lyhörda och empatiska för vår omgivning.

- *Relationsskapande* – vår förmåga att skapa meningsfulla och tillitsfulla relationer som hjälper andra att utvecklas.

Goleman har förstås inte ensamrätt på att förklara eller beskriva EQ. Men om vi trots det tillåter oss själva att för en stund utgå ifrån hans fyra beståndsdelar, ser vi att även EQ, som så mycket annat, börjar med förmågan att förstå sig själv. Självinsikt och sociala förmågor är två aspekter som bidrar till vår förmåga att i allmänhet fungera på ett tillfredsställande sätt i ett samhälle och i synnerhet tillsammans med andra. Att ha fungerande relationer är till exempel mycket viktigt för vårt generella välmående. Mängder av studier visar att goda relationer är den avhängt största bidragande faktorn till reell lycka.

Även nobelpristagaren och psykologen Daniel Kahneman redovisar i sin bok *Tänka snabbt och långsamt* att människor föredrar att arbeta med någon de gillar och litar på. Ja, jag vet, det är väl ändå att slå in öppna dörrar och "behöver man verkligen forska på det", kanske du tänker. Men det visar sig till och med att de flesta av oss faktiskt går så långt att vi hellre gör affärer med någon vi gillar än med någon vi inte fattar tycke för, även om den senare erbjuder lägre pris eller bättre produkt. Det är väl ändå lite intressant? Så pass mycket betyder goda relationer för de allra flesta.

Men visst, alla gillar inte alla lika mycket oavsett hur hög EQ någon råkar ha. Det vet vi och det får vi nog acceptera. Det är heller inget självändamål att få alla att tycka om dig exakt lika mycket. Det intressanta är istället att kunna notera det som ibland stjälper mer än hjälper i vårt eget beteende.

Att synliggöra de beteenden som kan uppfattas som mindre klädsamma för både dig själv och andra skapar självinsikt. Har du god självinsikt kan du också slipa bort de allra vassaste kanterna i ditt eget beteende. Med de vassaste kanterna menar jag de beteenden du använder allra helst eftersom de är energisnåla och bekväma. De beteenden som också kan bli din akilleshäl när de används för intensivt eller för frekvent. Att känna igen dessa skapar också en bra start för att du sedan ska kunna utveckla din emotionella intelligens vilket med stor sannolikhet skapar bättre förutsättningar för dig att både bygga relationer och uppnå önskvärda resultat.

EQ som i equaliser

Alla människor, även du och jag, säger och gör saker med utgångspunkt i det vi kan kalla våra *naturliga preferenser*[40], eller vanemässiga beteenden om du så vill. Det är också dessa preferenser, hos oss själva och andra, som gör att vi i allmänhet går omkring och har förutfattade meningar om andra. Tänk till exempel på en nära vän till dig och anta att ni ska äta lunch tillsammans. Vad förväntar du dig av personens beteende i den situationen? Vad kommer ni att prata om och framförallt *hur* kommer ni att prata med varandra? Vad känner du igen från gång till gång hos din vän? Vilka tydliga beteenden kan du se?

Om du sedan i tanken förflyttar din vän till en annan situation, vad kan du då se? Vilka beteenden är fortfarande tydligt framträdande och vilka andra kan du se? Förmodligen kan du se att vissa beteenden är mer eller mindre framträdande i de flesta situationer du i tanken föreställer dig din vän vara i. Det är de naturliga preferenserna hos den personen. Och du är precis likadan, eller rättare sagt du kan vara väldigt annorlunda men fungerar på samma sätt. Du har också naturliga preferenser som framträder i de flesta situationer. Låt oss kalla det för defaultinställningen på din "beteende-equaliser". En equaliser är, som tidigare nämnts, ett verktyg som används för att ställa in ljudets olika frekvenser för att åstadkomma den bästa ljudupplevelsen i en given situation. Rent tekniskt handlar det om att antingen isolera, reducera eller boosta specifika frekvenser av ljudet. På så sätt kan man antingen förstärka, reducera eller till och med ta bort oönskade ljud. Din personliga beteendeequaliser fungerar på samma sätt fast kopplat till föredragna beteendepreferenser istället för ljudfrekvenser.

Vår omgivning och våra behov tar i olika situationer fram olika typer av beteenden. Men hur mycket vi än ogillar att kategorisera vårt beteende

---

[40] *Naturliga preferenser* i denna kontext kan sägas vara ett beteende som föredras av en person i en viss situation. I valet mellan flera möjliga beteenden föredrar man ett av alternativen, inte sällan för att det känns både tryggt och bekvämt.

och sätta oss själva i en box, och hur gärna vi än vill vara olika i olika situationer, tenderar vi att använda vissa beteendemönster mer frekvent än andra. Det är det som gör att vi känner igen oss själva och inte ständigt ifrågasätter vårt eget beteende. Det är också det som gör att andra på gott och ont säger: "Det är så typiskt hen." Även om vi inte vill sätta oss själva i en box, är det själva insikten om vad som finns inuti som gör det möjligt att tänka utanför boxen. Eller föresten, låt oss nu en gång för alla byta ut de enskilda boxarna mot en beteendeequaliser.

Föreställ dig denna beteendeequaliser som istället för fyra reglage har fyra rör där varje rör kan fyllas på upp till en viss nivå med D-, I-, S- och C-energi. Högst upp på respektive rör sitter en kran som fyller på med energi. Längst ned sitter en kran som kan släppa ut energi. Du har full tillgång till att reglera nivån i respektive rör. Om du inte väljer att medvetet fylla på eller släppa ut något, lägger sig mängden av energi i respektive rör på den nivå som är mest bekant för dig, det är din defaultinställning. Med den inställningen kommer du att använda dina mest bekanta preferenser. Med andra ord, kommer du bekvämt vara den du är och göra som du brukar. För att återknyta till en equaliser, fungerar det lite som att spela olika typer av musik med samma inställning. I de allra flesta fall låter det rätt bra och det är inte förrän man ändrar reglagen till en annan inställning som man märker att det faktiskt kan ge en ganska stor effekt i ljudupplevelsen.

Du skulle i teorin kunna tömma ur all energi eller fylla på till max. Båda ytterligheterna skulle komma att ha betydelse för ditt beteende, men givetvis på väldigt olika sätt. De flesta av oss har emellertid varken helt fullt eller helt tomt i något av rören. Däremot ligger vi mer eller mindre åt det fulla eller tomma hållet i respektive rör. Alla våra naturliga preferenser är aldrig, eller åtminstone mycket sällan, fyllda precis i mitten. Ingen av oss är precis balanserad i varje preferens i varenda situation. Det är också viktigt att påpeka att det faktiskt inte heller är något att eftersträva. Det skulle sannolikt göra oss ganska otydliga i andras ögon.

Vid vissa tillfällen verkar kranarna vara svårare att öppna, oavsett om du ska släppa ut eller fylla på med energi. Det innebär i realiteten att du medvetet behöver anstränga dig mer när du ska använda vissa beteenden. Ibland kan kranarna vara så svåra att få upp att du kan behöva hjälp. Då kan det vara hjälpsamt att prata med någon som du tror eller vet har en annan naturlig nivå än vad du själv har i just den beteendepreferensen du vill ändra. Vare sig du har mycket eller lite påfyllt, får det betydelse för ditt beteende. När något inte finns, finns där något annat och det ligger ingen värdering om bra eller dåligt, rätt eller fel när det gäller vilken nivå av energi du har i respektive beteendepreferens. Detta är ett sätt att se på och använda DISC som självreflektionsmodell.

Det motsatta sättet att se på DISC, det vill säga att betrakta de fyra bokstäverna som fyra olika personligheter är antagligen, som tidigare sagts, en av de största anledningarna till att kritiker vill avfärda teorin som helt oanvändbar och för enkel. Och även om den absolut inte är helt oanvändbar utifrån det synsättet, betyder det att du endast tagit hänsyn till en tydlig preferens för att beskriva en persons mer komplexa beteende. Dessutom ignorerar du de preferenser som har låga nivåer. Istället för att ignorera låga preferenser bör man, som tidigare sagts, utgå från att även de representerar något som har betydelse för vårt beteende.

Det finns som sagt ingen värdering i att låga eller höga preferenser skulle vara bättre eller sämre. Låt oss istället konstatera att låga och höga preferenser kommer att generera olika typer av beteenden, som i sin tur ger olika resultat. I vissa situationer eller med vissa personer kan en hög preferens ge det bästa resultatet medan i andra situationer med andra personer kan det omvända vara önskvärt. Allt handlar egentligen om din tolkning av situationen, vad du vill åstadkomma och hur du vill åstadkomma det. Låt oss därför studera grundpreferenserna D, I, S och C lite mer ingående.

Direkt utmanande

Med *hög* D-energi går du in med inställningen att en given situation är en utmaning som behöver ett omedelbart agerande utifrån ditt eget sätt att se på en lösning. Sannolikheten är då stor att du blir självstartande, målinriktad med ett starkt fokus på vad du själv vill. Du är *Direkt utmanande*.

Inställningen ger energi till att snabbt lösa problem utifrån egna idéer. Men när D-preferensen är så stark att den överexponeras kan dina lösningar bli exkluderande och enögda. Risken är att du missar att andra också har åsikter och kan bidra, ibland till en ännu bättre lösning än din egen.

Engagerat reflekterande

Med *låg* D-energi går du in med inställningen att en given situation är en utmaning som behöver utforskas genom reflektion, helst genom dialog och i samförstånd med andra. Sannolikheten är då stor att du blir eftertänksam, samverkande med ett starkt fokus på att inkludera andra i beslut och idéer. Du är *Engagerat reflekterande*.

Inställningen ger energi till att reflektera och lösa problem tillsammans med andra. När D-preferensen är så svag att den knappt är märkbar kan din önskan om ta konsensusbeslut och lyssna till alla bli viktigare än faktisk aktion och effektiv problemlösning.

Intuitivt utåtriktad

Med *hög* I-energi går du in med inställningen att en given situation är en möjlighet att influera andra genom ett utåtriktat beteende som ger dem energi och inspirerar. Sannolikheten är då stor att du blir inlevelsefull, övergripande med ett starkt fokus på att bidra och påverka. Du är *Intuitivt utåtriktad*.

Inställningen ger energi till att initiera kontakt och influera andra i stora drag. När I-preferensen är så stark att den överexponeras kan du, i din iver att vilja ha inflytande och bidra med kreativa idéer, bli så snabb och övergripande att du blir otydlig och orealistisk för andra.

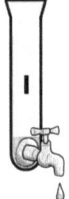

Förnuftigt reserverad

Med *låg* I-energi går du in med inställningen att en given situation behöver ett mer tillbakadraget och vaksamt beteende som både kan ge konkreta beskrivningar och objektiv information. Sannolikheten är då stor att du blir saklig, återhållsam med ett starkt fokus på att informera om möjliga hinder. Du är *Förnuftigt reserverad*.

Inställningen ger energi till att vara återhållsam och ge objektiv information. När I-preferensen är så svag att den knappt är märkbar kan du, i din önskan om att vara vaksam och undvika otydlighet, bli uppfattad som både skeptisk och sluten.

Följsamt inkännande

Med *hög* S-energi går du in med inställningen att en given situation behöver ett följsamt agerande där det är viktigt att känna av omgivningens behov. Sannolikheten är då stor att du blir inkännande, rutinsökande med ett starkt fokus på att skapa stabilitet. Du är *Följsamt inkännande*.

Inställningen ger energi till att agera stabilt och förutsägbart. När S-preferensen är så stark att den överexponeras kan du, i din vilja att skapa stabilitet, uppfattas som en förändringsmotståndare som på ett passivt aggressivt sätt hindrar utveckling.

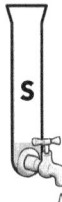

Spontant självständig

Med *låg* S-energi går du in med inställningen att en given situation behöver ett flexibelt, spontant och individuellt agerande. Sannolikheten är då stor att du blir igångsättande, snabbt förändrande med ett starkt fokus på de egna behoven. Du är *Spontant självständig*.

Inställningen ger energi till att ta egna initiativ och arbeta självständigt oavsett hur omgivningen är. När S-preferensen är så svag att den knappt är märkbar kan du, i din önskan om flexibilitet och att vara spontan, uppfattas som både impulsstyrd och som en oplanerad vindflöjel.

Noggrant efterföljande

Med *hög* C-energi går du in med inställningen att en given situation behöver ha tydliga föreskrifter, mätbara kriterier samt ett klart syfte med det som ska göras. Sannolikheten är stor att du då blir försiktig, analyserande med ett starkt fokus på att upprätthålla standarder. Du är *Noggrant efterföljande*.

Inställningen ger energi till att notera och efterleva uppsatta regler och standarder. När C-preferensen är så stark att den överexponeras kan du, i din önskan att vara genomtänkt och att agera rätt och riktigt, bli uppfattad som en överkritisk paragrafryttare.

Kreativt förändrande

Med *låg* C-energi går du in med inställningen att en given situation behöver kreativitet, nytänkande och utmanande av befintliga gränser som håller tillbaka en utveckling. Sannolikheten är då stor att du blir banbrytande, risktagande med ett starkt fokus på att förändra det befintliga. Du är *Kreativt förändrande*.

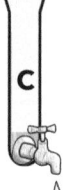

Inställningen ger energi till att tänka utanför boxen och i praktiken prova nya vägar. När C-preferensen är så svag att den knappt är märkbar kan du, i din önskan om att få total frihet i det du gör, uppfattas som både gränslös och oppositionell.

Nu har du en teoretisk bild av hur modellens grundpreferenser är uppbyggda och illustrerade i fyra grundläggande preferenser Det har kanske också i dig väckt en tanke om hur preferenserna kan samverka för att skapa olika typer av kärnkvalitéer hos en individ. Och som tidigare sagts, finns det en rad nivåer mellan varje preferens ytterlägen vilket också beskrivits på föregående sidor. Vi kan till exempel uppvisa mest *direkt utmanande* men samtidigt ta hänsyn till andras åsikter och tankar när vi står inför ett problem. Det skulle i teorin kanske innebära 60% D-preferens och kunna ses som ett beteende som är relativt balanserat med D-energi där själva agerandet till viss mån stämmer med båda ytterligheterna, men mer tydligt det ena. Vi har alla vår defaultinställning som kostar oss, som tidigare sagts, väldigt lite energi att använda och med det sagt är det är viktigt att komma ihåg att:

- Det finns inga bra och dåliga beteendepreferenser, värderingen att något är bra och dåligt är alltid något subjektivt.

- Vi lägger märke till det vi motiveras av och vill se hos oss själva, därför har vi svårare att se vad som är utvecklingsbart.

- Vi kan välja att använda andra beteendepreferenser än våra naturliga, men att använda en preferens som ligger långt ifrån vår naturliga kostar mer medveten energi.

När vi nu ska prova modellen praktiskt i tanken, använder vi oss av respektive preferens ytterlägen för att tydligt illustrera skillnaden på den inställning du kan gå in med i en situation. På efterföljande sida finns ett antal beteenden kategoriserat i de olika preferenserna. Du kan använda dem som en lista för att reflektera över det beteende du oftast har eller har haft i en viss situation. Börja med att tänka på dig själv i en viss situation som du ofta hamnar i och gör uppgiften i fyra steg.

1. Vad är min intention?
2. Hur agerar jag i situationen?
3. Kryssa i det du känner igen i ditt agerande på nästa sida.

Direkt utmanande (hög D-energi)

- Tar snabba beslut
- Agerar direkt
- Utgår från en egen lösning
- Uttrycker bestämda åsikter
- Driver igenom egna förslag
- Ger direktiv

Intuitivt utåtriktad (hög I-energi)

- Tar kontakt och interagerar
- Visar på möjligheter
- Lättar upp stämningen
- Kommunicerar uttrycksfullt
- Beskriver övergripande
- Fokuserar på att påverka andra

Följsamt inkännande (hög S-energi)

- Planerar det som ska genomföras
- Tänker på konsekvensen för andra
- Visar förståelse för andras behov
- Skapar stabilitet
- Agerar rutinmässigt
- Följer andras takt

Noggrant efterföljande (hög C-energi)

- Eftersöker befintliga regler
- Påvisar ofta best practice
- Studerar ingående strukturer
- Kontrollerar utifrån standarder
- Söker konkreta bevis
- Fokuserar på konsekvenser

Engagerat reflekterande (låg D-energi)

- Reflekterar mer innan beslut
- Tänker noga igenom
- Har en öppen dialog om lösning
- Lyssnar in och diskuterar fram
- Eftersöker konsensus
- Efterfrågar andras åsikter

Förnuftigt reserverad (låg I-energi)

- Väntar på att andra tar kontakt
- Uppmanar till vaksamhet
- Diskuterar sakligt
- Kommunicerar informativt
- Beskriver detaljerat
- Fokuserar på sakfrågor

Spontant självständig (låg S-energi)

- Hanterar saker i nuet
- Tar beslut utifrån egna behov
- Agerar utan att känna in andra
- Skapar flexibilitet
- Agerar spontant
- Gör på eget sätt

Kreativt förändrande (låg C-energi)

- Utforskar alternativa vägar
- Tänjer på gränser
- Gör en snabb överblick
- Föreslår oprövade lösningar
- Ifrågasätter befintliga ramar
- Är risktagande

4. Utifrån det du kryssat i, hur ser din defaultinställning ut i den situation du tänkt på? Vilka preferenser har höga respektive låga nivåer?

Från autopilot till manuell styrning

Det enklaste sättet att *förstå* om en modell är användbar är att prova den i teorin, men det enklaste sättet att *testa* om modellen är användbar är såklart att prova den i verkligheten. Det är en stark övertygelse som i alla fall jag tycker mig fått bevis för många gånger och sedan länge burit med mig. En del kanske inte håller med mig när jag säger att långa teoretiska förklaringar riskerar att "psykologisera" ett användbart reflektionsverktyg. Med det menar jag till exempel teoretiskt förklara något så detaljerat som möjligt, för att sedan nöja sig med det och inte prova eller göra något av förklaringarna i verkligheten. Det är, för mig, att bara göra halva jobbet. Med den utgångspunkten, kom ihåg att DISC varken är till för att värdera dig eller djuplodande förklara varför du är som du är. DISC är till för att ge dig verktyg för att upptäcka vad du gör och hur du skulle kunna göra, om du inte gjorde som du gör just nu.

Jag vill uppmana dig att prova modellen nu direkt, åtminstone i tanken. Det enda du behöver göra är att använda ditt minne och din förmåga att dra slutsatser omkring ditt eget beteende. Men innan du tänker tillbaka på dig själv, låt oss börja med att ta ett exempel gemensamt. Jag säger inte att detta handlar om författaren, men jag säger inte heller att det är för en kompis räkning jag skriver detta ... hm ... nåväl scenariot är följande: Personen i fråga har just införskaffat en, låt oss kalla det, tekniskt avancerad utrustning. Han har långt ifrån djup kompetens om utrustningen. Snällt beskrivet, är han är en typisk användare med mycket bristfällig teknisk kompetens. Vid inkopplingen uppstår en problematik som behöver lösas för att utrustningen överhuvudtaget ska gå att använda utifrån de förutsättningar som finns. Frustrationen kryper på och han vill givetvis lösa detta på bästa sätt. På efterföljande sida ser du inställningen i hans autopilot, det vill säga mycket D- och en del C-energi samt låga nivåer av I och S. Utifrån den information du har om den uppkomna situationen och hans autopilot: *Vad tror du är det första han gör? Vad kan vi mer möjligen förutspå i hans agerande utifrån de preferenser vi ser på nästa sida?* Tips: Använd beskrivningarna på föregående sida för att få inspiration till din slutsats.

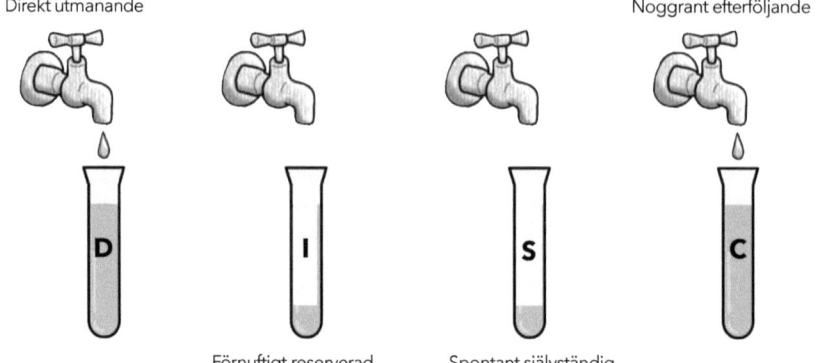

Direkt utmanande

Noggrant efterföljande

D

I

S

C

Förnuftigt reserverad

Spontant självständig

Några saker som vi skulle kunna anta är att situationen ses som en utmaning och att det är enkelt för honom att agera snabbt och individuellt (mycket D-energi). Vi kan också anta att han varken tar initiativ och kontaktar eller direkt söker hjälp av andra (låg nivå av I-energi). Dessutom vet vi också att han i det läget troligen inte är särskilt tålmodig eller planerande (låg nivå av S-energi). Slutligen vet vi att han vill veta vad som är rätt att göra och utifrån det införskaffar mycket information för att kunna ta ett beslut men kanske inte alltid följer bruksanvisningar till punkt och pricka (medelhög nivå av C-energi). Den naturliga inställningen torde vara att lösa detta snabbt, utan att ta hjälp av andra och göra det på rätt sätt. En inte alltför avancerad gissning är att han därför sätter sig själv och googlar, förmodligen på flera olika källor, för att hitta felet och sedan hitta en strategi för att lösa problemet ... helst igår. Det är möjligt att föregående agerande får ett alldeles utmärkt utfall. Men mer troligt är att det snarare är en mindre framgångsrik strategi, framförallt eftersom han saknar den faktiska kompetensen men också för att han är otålig och vill ha problemet fixat direkt. Drivkraften att vilja göra rätt och söka detaljerad information blir troligen underordnat otålighet i kombination med att fixa själv och utan kompetens brukar det inte vara en optimal kombination. I det verkliga exemplet gick det kanske inte helt åt skogen, men agerandet gav inte heller ett önskvärt resultat. Det slutade med inköp av kompletterade delar som kostade någon tusenlapp extra, men som till slut ändå inte behövdes för att fixa till problemet.

Tänk dig nu istället att han haft en annan inställning när problemet uppstod. Föreställ dig till exempel att han, likt i den efterföljande figuren, hade fyllt på mycket I- och S-energi, rejält tonat ned sin D-energi samt lämnat C-energin som tidigare. *Hur skulle då efterföljande inställning möjligen kunnat ha påverkat hans beteende och de beslut han tog i situationen?*

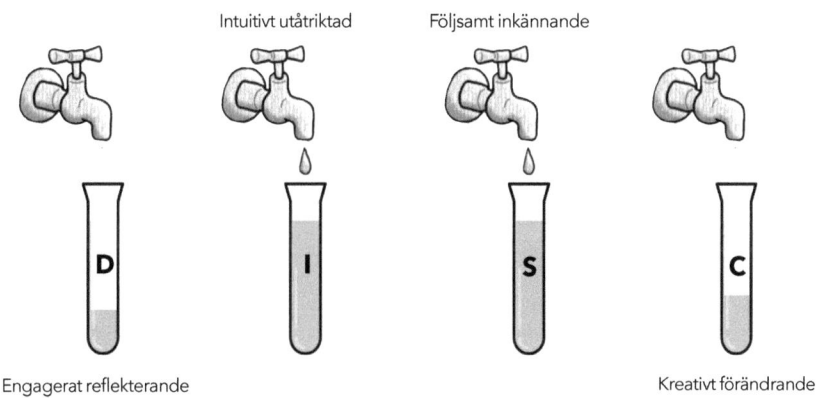

Ett tänkbart scenario är att han snabbt funderat på vilken av hans vänner eller bekanta som möjligen skulle kunna hjälpa honom och direkt kontaktat den personen (hög I-energi). Därefter resonerat lite om hur han skulle kunna hantera problemet (låg nivå av D-energi). Det i sin tur hade kunnat leda till att han fått hjälp med att fixa problemet utan att köpa extra saker som ändå inte var nödvändiga. Kanske hade han inte fått hjälp direkt men med lite planering och tålamod (hög S-energi), hade hans inställning kanske varit att det är värt att vänta. Och kanske hade han också varit lite öppnare för olika typer av lösningar (samma nivå av C-energi).

Den stora poängen här är givetvis att vi alla alltid, eller åtminstone för det mesta, har makten att välja vilken inställning vi vill gå in med i en given situation. I de allra flesta situationer fungerar det alldeles utmärkt utan att vi medvetet behöver tänka på våra naturliga beteende- och kommunikationspreferenser. Men vid de tillfällen vi märker att vi inte får ett önskat resultat i en viss situation, kan det vara värdefullt att reflektera på hur vi skulle kunna närma oss den situationen på ett annat sätt.

Ett eget exempel

Din naturliga autopilot driver ditt sätt att agera och kommunicera. Men om du inte får det resultat du vill, kan du alltid ändra din inställning och upptäcka nya sätt att hantera en situation. Det är inte lösningen på allt såklart, men med en medvetenhet om dina naturliga preferenser, din autopilot om du så vill, kan du reflektera över ditt sätt att agera i situationen. På det sättet skapar du fler val att, redan innan, bestämma dig för med vilken inställning du vill gå in i en viss situation. Om du redan varit i en situation och inte lyckats uppnå det du ville kan du reflektera över, som i det tidigare exemplet, vad du skulle kunna förändra i din inställning nästa gång. Och även om autopiloten för det mesta sköter allt och når önskvärd destination är det bra att den mänskliga piloten kan koppla ur den och manuellt styra planet när så behövs.

Att förstå dig själv och dina naturliga beteendepreferenser såsom de är precis nu är alltid det första steget i att bli mer *beteendeflexibel*[41]. När du förstår dig själv kan du alltid göra val omkring ditt eget agerande. Du kan aktivt använda de preferenser som passar bäst till det ändamål du har i en given situation.

Jag vill nu be dig tänka tillbaka på en vardagssituation du upplevt tillsammans med någon eller några den senaste veckan. En situation där du upplevde att ditt beteende var på autopilot, där du agerade väldigt typiskt dig själv. Det kan vara något som är kopplat till jobbet, fritid, familj eller ett annat område du tycker är värt att utforska. Måla upp scenariot i tanken. Reflektera över vad som hände och hur du agerade och reagerade. Några frågor att du kan utgå ifrån för att nyansera beskrivningen: *Vad gjorde du? Hur agerade du i förhållande till andra? Vad ville du åstadkomma? Hur agerade du för att åstadkomma det? Hur agerade eller reagerade andra som var involverade? Hur uppfattade du det?*

---

[41] *Beteendeflexibilitet kan sägas vara* din förmåga att välja och anpassa ditt beteende i olika situationer för att kommunicera och agera på ett effektivt sätt för att uppnå det du vill.

När du har scenariot klart beskrivet för dig i ditt inre, tänk dig att du nu har fyra tomma rör, ett för respektive bokstav i DISC. Fyll på så mycket energi i respektive rör som du upplevde dig själv ha i situationen. Fundera på vilka rör som var fyllda över mitten och vilka som var fyllda lägre än till mitten. Även om du tycker att det är svårt, gör ditt bästa för att göra en övergripande skattning av din inställning. Använd beskrivningarna på sidan 80 för att få hjälp att se dina beteenden och analysera dina preferenser. Skatta dig själv om du var:

- mer initiativtagande och styrande (hög nivå av D-energi) eller mer reflekterande och samverkande (låg nivå av D-energi).

- mer utåtriktad och influerande (hög nivå av I-energi) eller mer återhållsam och saklig (låg nivå av I-energi).

- mer följande och planerande (hög nivå av S-energi) eller mer spontan och flexibel (låg nivå av S-energi).

- mer regelsökande och korrekt (hög nivå av C-energi) eller mer oreglerad och påhittig (låg nivå av C-energi).

När du fyllt i dina fyra rör, utan att värdera om du hade "rätt" inställning eller inte, ändra din autopilot till "manuell styrning". Ta till exempel ditt mest fyllda rör och släpp ut så mycket det bara går från det röret. Gör på motsvarande sätt med det rör som hade lägst energinivå, det vill säga fyll upp så mycket det går. Med din "nya" inställning fundera över följande frågor:

Hur tror du att ditt beteende skulle ha förändrats med den nya inställningen? Hade det påverkat utgången och på vilket sätt i så fall?

Om du anser att förändringen troligen inte påverkat utgången, varför inte? Skulle en annan inställning ha fått ett mer önskvärt resultat, i så fall varför?

Det du läst på föregående sidor är exempel på själva essensen i ett dynamiskt användande av DISC-modellen till skillnad från ett kategoriserande sätt. Modellen fungerar som allra bäst när den hjälper oss att reflektera över och, vid behov, modifiera våra naturliga beteende- och kommunikationspreferenser. En reflektion som också kan ge dig chansen att i förlängningen öka dina möjligheter att fånga upp mindre önskvärda beteenden och samtidigt utveckla din beteendeflexibilitet.

Faktum är att vi gör väldigt mycket vanemässigt varje dag, utan att vi ens tänker på det. Det kommer inte ens upp till en medveten nivå. Beteenden och aktioner som är så naturliga för oss själva att vi till och med ser det som en självklarhet hos andra. Och eftersom vi inte reflekterar särskilt mycket omkring vår defaultinställning, kommer vi också att använda de beteenden som kostar minst energi, även om de för tillfället inte är de mest framgångsrika att använda i situationen.

När vi förstår vilka beteenden som kostar minst energi för oss själva att använda, är det också lättare att både inse och medvetet notera vilka beteenden vi kommer att använda mest. En bra start är därför att börja med att utforska dina naturliga preferenser, din autopilot. När du vet din startpunkt kan du också använda den på ett effektivt sätt eller förändra den för att åstadkomma ett annat resultat.

Kom och ihåg att det ibland är synnerligen svårt att ändra ett beteende. Det verkar vara så hårt inlärt, nästan genetiskt kodat. Kanske är det så att vissa beteenden eller egenskaper faktiskt är genetiskt inkodade, eller åtminstone så hårt förankrade i den vi tycker att vi är, att det nästan gör det omöjligt att ens vilja ändra dem. Troligtvis är det precis de egenskaper vi borde kalla våra kärnkvalitéer och med största sannolikhet är det också just dessa som vi behöver lära oss att använda så effektivt som möjligt och samtidigt vara mest vaksamma på att vi inte överanvänder.

Här är det som är bra att komma ihåg

- Vi har alla naturliga beteendepreferenser som är lätta att använda.

- Om vi inte medvetet anstränger oss för att använda vissa beteenden kommer vi troligtvis att använda beteenden som är minst energikrävande, dessa kan kallas för vår autopilot.

- Om vi aldrig reflekterar över vilka våra mest använda beteenden är, kommer vi alltid att gå in i olika situationer med samma inställning.

- När vi vet hur vår autopilot styr oss kan vi medvetet också ändra "grundinställningarna" i den.

- När vi ändrar vårt sätt att relatera till en situation påverkar det både interaktionen med andra och utkomsten av resultatet.

- Ju mer vi övar oss på att anta olika beteendepreferenser, desto mer flexibla blir vi i vårt beteende.

- Vissa vanemässiga beteenden är svårare att förändra eftersom de är så väl använda att vi knappt är medvetna eller tror att något annat sätt att agera skulle kunna vara framgångsrikt.

TYPISKT MEN INTE PERSONLIGT

För att hitta dig själv, tänk själv.
Aristoteles

Även om vår personlighet utvecklas och anpassas med tiden utifrån den omgivning vi befinner oss i, finns det ändå mycket som tyder på att vi upplever våra så kallade kärnkvalitéer som relativt stabila under hela vuxenlivet. Detta är, som tidigare sagts, en av de största anledningarna till att du ska reflektera över dina mest använda beteendepreferenser. I detta kapitel kommer du att kunna ta del av några typiska beteenden som kan kopplas till de preferenser du läst om i föregående kapitel.

Innan du fortsätter att läsa vill jag dock påminna dig om att denna bok inte är till för att döma eller ens värdera ditt beteende som bra eller dåligt. Den är heller inte till för att ge dig en "färgetikett". Du vet vid det här laget att ditt beteende varierar i olika situationer. Samtidigt kommer det inte heller att vara hjälpsamt att påstå att du saknar föredragna beteenden, i alla fall inte om du verkligen vill förstå och förutsäga dina egna reaktioner och aktioner. Jag tror därför att vi nu kan vara överens om att du, likt alla andra, har några frekvent uppvisade beteendepreferenser som gör att både du själv och andra känner igen dig genom dessa. Preferenser som är så naturliga för dig själv att du säger: "Så är eller gör väl alla."

De egenskaper du har och de naturliga beteenden du använder är som tidigare sagts i grund både bra och funktionella. Just därför blir det extra viktigt att vara vaksam på att det som känns naturligt också är lätt att förstärka och möjligen överanvända. Vi är alla påverkade av grundinställningen av vår minst energikrävande startpunkt som tidigare beskrivits som vår autopilot. DISC-modellen kan hjälpa dig att hitta din autopilot, men teorin ger som sagt inte svar på allt. Ibland ger den inga svar alls, i synnerhet inte om du försöker förklara hela din personlighet, dina djupa värderingar, din intelligens, din kompetensnivå eller något annat som inte är syftet med teorin.

Tyvärr, eller kanske turligt nog beroende på hur man ser det, går vi inte omkring med vare sig bokstäver i pannan eller färger i ansiktet. En del undrar varför man överhuvudtaget ska använda färger, siffror, bokstäver eller andra symboler för att beskriva komplicerade kluster av beteenden. Egentligen är svaret ganska enkelt. Teorier eller modeller av något så komplicerat som människors beteende kan man med fördel bygga upp på ett metaforiskt sätt, till exempel genom färger, bokstäver, siffror eller arketyper. Det är nämligen så vår hjärna fungerar. Akronymer, bilder och metaforer hjälper oss att komma ihåg och sortera våra intryck av något mycket mer komplext. Om vi varje gång ska analysera varenda variabel som kan påverka vårt beteende i detalj, blir vi nog troligen bara sittande där, analyserande utan att bli särskilt pragmatiska. Återigen, allt ska göras så enkelt som möjligt men inte enklare än det.

Det är just den pragmatiska funktionen av DISC som är en av anledningarna till den framgång modellen rönt runt om i hela världen. Genom väldigt enkel kunskap och snabba analyser kan du snabbt få information om ett beteende, utan att veta särskilt mycket om personens innersta tankar eller drivkrafter. Det betyder dock inte att kunskapen om DISC får människor att agera utan att reflektera. Modellen får oss troligen att reflektera mer omkring oss själva och andra. Jag vill också påstå att de flesta av oss reflekterar i alldeles för låg grad för vårt eget bästa. Så den stora frågan blir då inte om förenklade modeller är användbara eller inte.

Den stora frågan blir istället: *Hur pass förenklad kan en modell vara och fortfarande vara användbar?*

Då det gäller mänskligt beteende i vår vardag, påstår jag att de kan och bör vara kraftigt förenklade. Dels därför att komplexiteten i ett mänskligt beteende gör det omöjligt att helt förutspå hur en person kommer att agera eller reagera i en given situation, och dels eftersom förklarings-modeller med alltför många variabler riskerar att skapa ett överanalyse-rande och handlingsförlamning. Med hjälp av relativt enkla modeller kan vi reflektera omkring vårt eget och andras beteende i vår vardag utan att göra saker mer komplicerade än nödvändigt. Vi letar de facto dagligen efter verktyg som kan förenkla vår omvärld till den nivå som gör det möj-ligt att fokusera på det som är relevant och sortera bort det irrelevanta.

Men bara genom att konstatera detta blir naturligtvis nästa stora fråga: *Vad är relevant och vad är irrelevant?*

Vad som är relevant eller inte när det gäller vårt eget eller andras bete-ende är självklart kopplat till vilken situation vi befinner oss i och vad vi vill åstadkomma i just den situationen. Men en enkel ekvation är att om vi inte åstadkommer det vi vill, bör vi förändra något i vår strävan att göra det. Och eftersom det enda vi har egentlig kontroll över är vårt eget be-teende, är det rimligt att vi lägger störst energi på att göra ändringen där.

Omgivningen är givetvis inte irrelevant men för det mesta är det me-ningslöst att lägga energi på att försöka förändra den utan att ändra på sig själv. Chansen är dessutom större att verkligen förändra omgivningen om du förändrar ditt sätt att förhålla dig till den.

Det finns alltid två sidor av samma mynt

Du är en komplex varelse, absolut! Det betyder dock inte att du behöver gå i psykoterapi eller skaffa en examen i psykologi för att förstå och lära dig mer om dig själv. Bara genom att lägga märke till vilka dina vanemässiga beteenden är, kan du snart också konstatera hur de ofta försätter dig i vissa situationer, både på gott och ont förstås. När du medvetandegör detta kan du välja att använda dina naturliga beteendepreferenser på ett konstruktivt sätt, både i din tillvaro tillsammans med andra eller endast för dig själv. Om du till exempel vet att du ofta går in med en inställning av att snabbt lösa problem och försöka få med andra genom inspirera dem, tror du förmodligen också medvetet eller undermedvetet att andra förväntar sig precis det av dig. Det kan både vara enkelt och en önskan att alltid få ta den rollen i en grupp. Ibland kan det dock vara mer givande, för andra och dig själv, om du istället går in med en inställning att i första hand vänta in andras initiativ och utforska deras syn på problemet. Men för att kunna göra det, behöver du veta hur du kopplar ur din autopilot.

Man kan med all rätt hävda att utgången av en situation inte bara handlar om din så kallade autopilot. Många andra faktorer spelar givetvis in. Samtidigt tror jag att du som läsare (speciellt om du läst ända hit) håller med om att du kan ta ansvar för det jag fokuserar på just här. Du kommer alltid, oavsett du vill eller inte, att använda dig av vissa beteenden mer frekvent och vissa beteenden mindre frekvent än andra. Om du accepterar och förstår att du favoriserar och använder vissa beteenden mer än andra, kan du också betrakta det du gör ur ett mindre dömande och mer lärande perspektiv. När du filtrerar ditt beteende genom DISC-modellen blir du medveten om hur olika preferenser kan ha både för- och nackdelar. När du accepterar detta faktum, minskar ditt behov av att försvara eller rättfärdiga de beteenden du använder. Istället kan du göra ditt bästa för att förstå dina naturliga preferenser och eventuellt förändra din inställning av dessa när du inte får det resultat du önskar i en given situation. Fundera till exempel på följande:

- *Om du vill vara mer reflekterande och planerande, vilka beteenden borde du uppvisa och hur ser en sådan inställning se ut i din beteende-equaliser?*

- *Om du vill vara mer initiativtagande och drivande, vilka beteenden borde du uppvisa och hur ser en sådan inställning se ut i din beteende-equaliser?*

I resterande del av detta kapitel kommer du få ett antal vanemässiga beteendemönster beskrivna för dig. Dessa är konkreta beteenden som jag i verkligheten fått möjlighet att både diskutera och arbeta med tillsammans med flera av dem jag arbetat med. Exempelbeskrivningarna behöver nödvändigtvis inte tillhöra en specifik klient utan är mer enskilda beskrivningar för att illustrera exempel på en mer övergripande problematik eller för den delen ett utvecklingsområde.

För många klienter har det varit ytterst hjälpsamt att få filtrera sina beteenden genom teoretiska förklaringsmodeller som till exempel Kärnkvadranten och DISC. Därför finns också både DISC-preferenser och en möjlig Kärnkvadrant kopplat till följande beskrivningar. Vissa av dem kommer så klart att ge dig en högre igenkänningsfaktor, medan andra kommer kännas ganska främmande. Men kom ihåg att det som känns helt främmande för dig, kan kännas spot-on för någon annan. Vissa beskrivningar kanske till och med också kan få dig att uppmärksamma delar hos dig själv som du inte förut fokuserat på, eller möjligen blundat för.

Du kan, härifrån och framåt, givetvis fortsätta att läsa allt om du vill. Men det är också viktigt att påpeka att det inte är något självändamål i sig att läsa allt återstående i boken. Poängen är snarare att du funderar över vilka beteenden du kan ha som ibland kan försätta dig i mindre gynnsamma situationer. Du kan kalla det din negativa autopilot, överanvändning av dina kärnkvalitéer eller överexponering av dina naturliga DISC-preferenser. Det viktigaste är inte vad du kallar det utan att viktigaste utan du gör reflektionen.

Ett förslag är därför att du utgår från följande punkter:

1. Börja med att studera rubrikerna under den preferens där du vet eller tror dig ha mest energi.
2. Notera sedan vilken eller vilka rubriker du tycker passar bäst in på dig.
3. Använd samma tillvägagångssätt med de tre återstående energierna.
4. Läs de efterföljande sidorna under den rubrik du vill börja utforska.
5. Prova tipsen i verkligheten nästa gång du upplever att din autopilot slår på.

Om du tycker att det mesta skulle kunna passa in, i alla fall vid olika tillfällen, gör då en rangordning av vilka som du spontant känner är mest träffande för det mesta. Kanske tycker du inte att någon rubrik passar in, försök då besvara frågorna nedan för att få en bild av hur ditt beteende ser ut i en given situation. Om du kunde se dig själv både utifrån och inifrån i den situation du tänker på, hur skulle du beskriva dig själv:

- *Vad ville du åstadkomma?*
- *Varför ville du åstadkomma det?*
- *Hur interagerade du med andra för att åstadkomma det du ville?*

Slutligen, att syna eller förändra sitt beteende handlar inte om att bli en annan person. Det handlar heller inte om förändringen som ett självändamål i sig. Istället handlar det om att lyfta fram delar i dig själv som möjligen kostar lite mer energi än dina mest invanda beteenden. Dina mest invanda beteenden är som tidigare sagts troligen lättast att använda och överanvända. När de inte ger det resultat du önskar är det med stor sannolikhet ett tecken på att du överanvänder dem. Läs efterföljande beskrivningar och använd det som ett reflektionsmaterial istället för en sanning. Om du ser andra förklaringar till varför du gör som du gör och får de resultat du får, har du förmodligen rätt. Det vore märkligt om någon annan skulle kunna vara mer expert på dig själv än vad du själv är, eller hur? När du använder en fin balans av öppenhet och skepticism kommer du sannolikt att få ut mest av dessa beskrivningar.

Mycket D-energi

Är du en person som i många sammanhang känner igen dig själv i beskrivande adjektiv såsom aktiv, direkt, snabb, resultatinriktad, självstartande, rak och driven?

Kan det vara så att du inte tycker att du är särskilt på-stridig, bestämmande, hård, individualistisk, okänslig, framfusig eller enväldig, trots att du fått höra det av andra? Då kan det vara både intressant och givande för dig att läsa om hur du kan balansera din D-energi.

Med D-energi synliggörs dina beteenden som i grunden drivs av att övervinna utmaningar eller hinder i den omgivning du befinner dig. Där finns många framgångsrika beteenden om du använder dem på rätt sätt. Vanligtvis, beroende på hur kombinationerna ser ut, brukar personer som använder dessa beteenden ha lätt för att vara både raka och direk-ta. De brukar vara svårstoppade när det gäller att nå sina personliga mål. Och är det någon som driver på och får saker att hända i en grupp, är det troligen en person som använder någon form av beteendemönster från denna energi.

Men vad kan hända när det blir för mycket av det goda? Vad händer när du har så starka D-preferenser att du inte ens märker att dina styrkor blir din akilleshäl?

Jag är rak och ger direkta besked!

Så du gillar att vara rak och direkt, inga konstigheter där! Ett beteende-mönster som brukar vara extra tydligt när du har mycket D-energi och väldigt låga nivåer av I-, S- och C-energi. Det är ingen tvekan om att det är en styrka att vara rak och ärlig. Otydlighet brukar vanligtvis inte skapa varken trygghet eller enkelhet. Många människor uppskattar troligtvis också ditt okonstlade sätt att vara och kommunicera. De gillar att veta att de pratar med någon som ärligt talar om sin ståndpunkt. Men var går gränsen? När blir din raka och ärliga kommunikation för rak och ärlig, eller rent av för ofiltrerad och direkt?

Exempel: Någon ber dig om feedback och du säger naturligtvis som det är. Ber någon om feedback måste man vara rak. Att linda in saker i bomull har ingen mått bra av, så du talar om hur det är utan krusiduller. Det är så du själv skulle vilja ha det. Det värsta som finns är människor som inte säger vad de vill eller vad de tycker. Men uppenbarligen verkar inte alla alltid uppskatta rakhet, eller så är de bara överkänsliga.

Möjlig förklaring: Med mycket D-energi, har du en inställning att situa-tionen är lika med en utmaning och ett problem som ska lösas. Med låg I-energi, blir din kommunikation avskalad och rationell. Din låga S-energi gör att du tänker utifrån ditt perspektiv och tillsammans med låg C-ener-gi gör du det också utan att tänka på vad "best practice" skulle kunna vara i situationen.

Behovet av att vara okonstlad och direkt har sin grund i din strävan att effektivisera din tillvaro i allmänhet och kommunikationen i synnerhet. Lättaste sättet att göra det är att minska tolkningsmöjligheterna av det som sägs och på så sätt också öka tydligheten. En god intention som också gör så att andra alltid vet var de har dig. Du har inte tid att linda in saker och vill heller inte riskera att din ståndpunkt uppfattas som otydlig. Otydlighet och inlindande är lika med att vara svag och påverkbar eller till och med konflikträdd. Och det vill du absolut inte vara. Din önskan om att vara en direkt person i kombination med rädslan för att ses som konflikträdd kan bilda en möjlig kärnkvadrant enligt nedan:

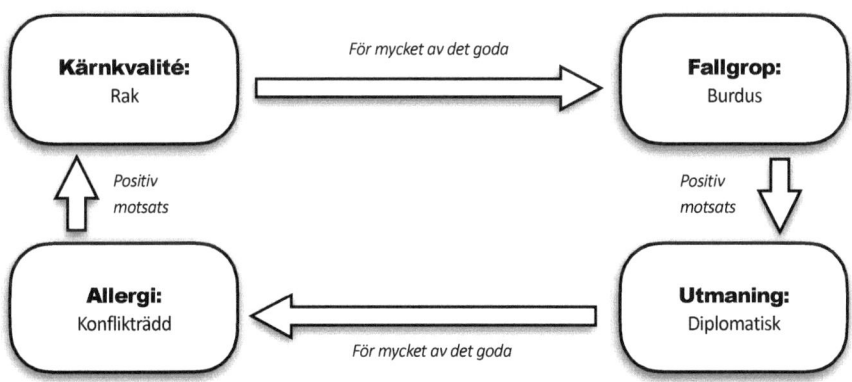

Alternativet: Minska din D-energi och fyll på med en hel del S-energi. Var vaksam på att din starka uppgiftsinriktade kommunikation normalt sett döljer den mer smidiga och empatiska delen av dig själv. På det sättet ökar du din förmåga att känna av och följa den du ska ge feedback. Fyll på lite I-energi för att kunna använda mer känsla och beskriva det du också uppskattar. Med mer tålamod, empati och ett starkare relationsfokus kan du på ett mer vänligt sätt påverka personen. Du kanske känner att du blir svag eller otydlig om du inte säger som det är på ditt naturligt ofiltrerade sätt. Inget kunde förmodligen vara mer fel eftersom du fortfarande kommer att uppfattas som stark och tydligt visa din ståndpunkt.

Skillnaden kommer vara att du minskar risken att såra andra eller uppfattas som burdus och plump i din framtoning.

Tips: Innan du ger din feedback eller vill tala om något annat som skulle kunna uppfattas ifrågasättande eller hotande för en motpart, reflektera över följande tre punkter.

1. *Timing* – är det rätt tidpunkt och är du i rätt känslotillstånd? Om inte, se till att ta några djupa andetag eller vänta.

2. *Information* – vad vill du att personen ska ha tagit med sig efter att du gett din feedback och hur skapar du på bästa sätt mottaglighet hos den du ska ge feedback till?

3. *Fingertoppskänsla* – vad kan vara känsligt i den information du vill ge och hur kan du framföra det på ett tydligt sätt, utan att uppfattas som kort i tonen eller rent av empatilös?

Jag agerar för att nå snabba resultat!

Så du gillar resultat – och helst igår! Kanske inte till vilket pris som helst, men målen helgar helt klart medlen, eller hur? En preferens som brukar vara extra tydlig när du har mycket D-energi i kombination med låg nivå av S- och C-energi. Mål- och resultatinriktad som du är, får du saker att hända och tycker om att när det blir gjort på direkten. Det skapar oftast mycket energi och aktivitet. Det är också svårare att skjuta upp saker när fokus ligger på ett resultat. Många uppskattar dig när du direkt uppvisar handlingskraft för att få saker att hända. Men när blir det mer av oge-nomtänkt handlande som exkluderar andra? När blir det *"klara, gå!, fär-diga"*, istället för *"klara, färdiga, gå!"*?

Exempel: Du får ett uppdrag och ser direkt en utmaning och ett tydligt mål. Här måste det till aktion om något ska hända, eller hur? Ingen har blivit lycklig av att sitta och tänka på vad man eventuellt skulle kunna göra istället för att göra det. Och vill man få något gjort är det nog bäst att man gör det själv. Det går inte att ta hänsyn till alla. Risken är alldeles för stor att vi hamnar i en evig diskussion som aldrig leder till aktion. Analysera får man göra efteråt.

Möjlig förklaring: Med mycket D- och I-energi samtidigt som din S- och C-energi är på lägre nivåer blir ditt behov av att nå resultat så snabbt som möjligt mycket starkt. Med låg nivå av S-energi blir själva vägen till målet troligtvis inte särskilt njutbar för dig. Den är snarare mer ett måste för att nå slutmålet. Med målet i sikte skapar du planen medan du strävar mot målet. Eftersom du med låg C-energi gärna tar en boll på uppstuds använder du de medel som behövs för att få saker att hända och med din förmåga att snabbt ställa om kan andra i din omgivning känna sig både exkluderade och vilsna.

Resultatinriktningens goda intention gör att du ofta är självstartande och når de mål du sätter upp. Den energi och det driv du ofta tillför en grupp gör att distansen tanke till handling krymper rejält, men så gör också reflektion- och planeringstiden. Eftersom din rädsla för att vara långsam eller till och med ses som handlingsförlamad är mycket viktigare att undvika så får planering och andra temposänkande aktiviteter komma i andra hand. Din önskan om att vara en snabbagerande person i kombination med rädslan för att bli långsam kan bilda en möjlig kärnkvadrant enligt nedan:

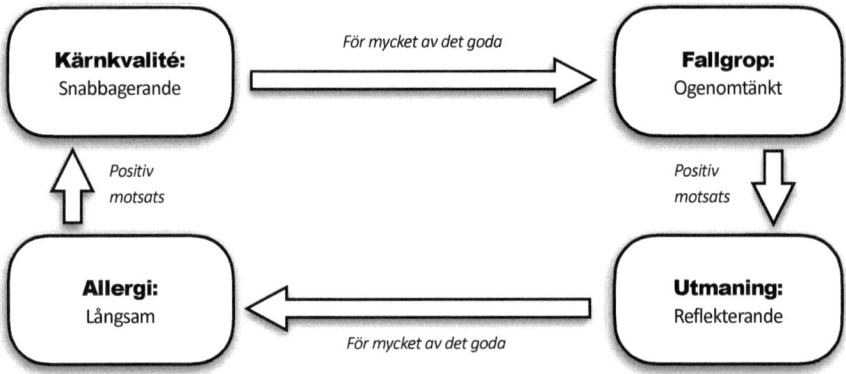

Alternativet: Minska din D-energi och fyll på med en hel del S- och C-energi. På så sätt ger du dig mer tid att planera vad både du och andra involverade ska fokusera på i planens olika steg. Tänk på att ditt naturliga behov av att nå snabba resultat minskar möjligheten för en smart planering och att göra lärorika reflektioner. Även om du initialt känner att du tappar tempo, kan du fortfarande nå snabba resultat, ibland till och med snabbare, om du både analyserar varför och planerar vägen dit lite mer noggrant.

Tips: För att du inte bara ska kavla upp ärmarna och springa mot målet utan plan, kan det vara värdefullt att ställa dig några coachande frågor. När du tydligt vet vad du vill, börja med att ställa dig själv frågorna nedan innan du lämnar startblocken. Chansen att göra rätt från början ökar betydligt om du bara ägnar följande frågor en tanke innan du börjar springa.

1. Vilka steg behöver du/ni ta för att få ett önskat resultat?

2. Hur ska du/ni prioritera på vägen mot det önskade resultatet?

3. Vilka andra är involverade/ska du involvera i processen?

4. Hur involverar du andra på bästa sätt för att nå det önskade resultatet?

5. Vad kan du konkret göra för att hantera din egen otålighet på bästa sätt om/när du tycker att det går för sakta?

Jag ser möjligheter och förändrar!

Så du gillar att förändra, saker kan alltid bli bättre eller mer effektiva och att starta upp något nytt är bland det bästa som finns, eller hur? En preferens som brukar vara extra tydlig när din D- och I-energi ligger på höga nivåer i kombination med låga nivåer av C- och S-energi. Det är visserligen sant att proaktiva optimister troligtvis får mer gjort än overksamma pessimister. Ibland kan dock en vilja att ständigt förändra och vara först med det senaste, skapa en onödigt stor instabilitet och oförutsägbarhet. Det i sin tur gör för det mesta människor ovilliga till förändring. Så när blir dina innovativa förslag hotande för andra?

Exempel: Du ser möjligheter i det mesta och brukar säga att du är en obotlig optimist och när du kommer till ett nytt jobb blir du direkt inspirerad av att förändra det befintliga. Med ett försök att dämpa din otålighet skickar du in några "Har ni aldrig tänkt på att …" eller "Jag undrar om vi inte kan ändra den här rutinen". När du stöter på en ovilja att köpa dina idéer, påpekar du snabbt att inget är omöjligt. Det är bara det att ingen har provat det än. Att leta efter nya alternativ är mer en regel än ett undantag för dig. Allt för att att inte bli indragen i status quo. Faktum är att du inte ens anser att status quo existerar. Det enda konstanta är förändring så varför inte se till att alltid vara först på bollen?

Möjlig förklaring: När du ständigt vill förändra och söker nya utmaningar är det mer en regel än ett undantag att du har mycket D- ibland i kombination med I-energi. Det tillsammans med låg C- och S-energi gör din otålighet påtaglig. Ditt behov av att känna av omgivningens takt är svagt eller kanske nästintill obefintligt. Det betyder att de flesta rutin-uppgifter och status quo är energidränerande. Botemedlet blir då att initiera förändring och skapa nya utmaningar vilka gärna får innehålla både variation och en hög grad av egen påverkan.

I din ovilja att vara stillastående kan du bli forcerande för andra. Den goda intentionen att ständigt leta utmaningar i form av förändringspro-jekt och andra utvecklingsinsatser, kan för andra bli en ständig stress där själva förändringen i sig upplevs vara ett kortsiktigt självändamål. Men din önskan om att vara trendsättande i kombination med rädslan för att vara en person som bidrar till en avvaktande, eller till och med tillbaka-hållande miljö, kan bilda nedanstående kärnkvadrant:

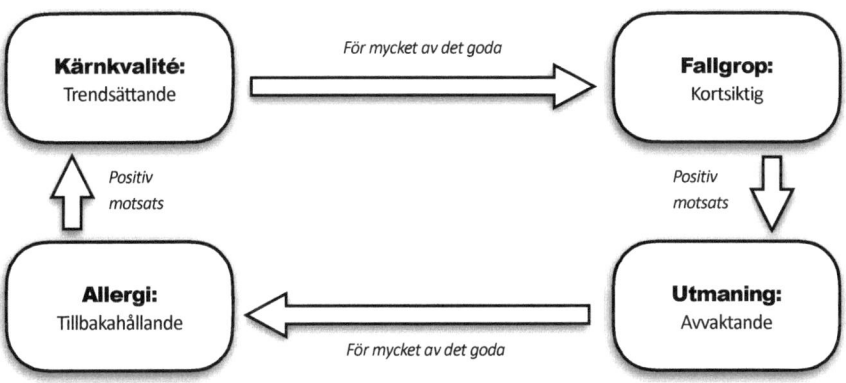

Alternativet: Minska din D-energi och fyll på med en hel del S- och C-energi. På så sätt ger du dig mer tid att utforska varför det ser ut som det gör och vilka eventuella fördelar människor upplever med den nuvaran-de situationen. Tänk på att ditt naturliga driv att förändra saker snabbt kan locka fram skepticism och försvarande av det befintliga. Även om du initialt tycker att det är uppenbart att saker behöver utvecklas och för-ändras, kan du skapa bättre påverkningsmöjligheter om du utforskar den nuvarande situationen mer noggrant.

Tips: Innan du försöker övertala andra att hänga med på dina idéer, om du tydligt ser hur något skulle kunna förändras och utvecklas, minska din D-energi och fyll på med S- och C-energi genom att:

1. Ta reda på varför det fortfarande ser ut som det gör och vilka vinster som finns med nuvarande situation.

2. Fråga vad andra tycker är mest utvecklingsbart just nu (alternativt vad som irriterar mest i den nuvarande situationen).

3. Fundera på hur du kan lägga fram dina argument för förändring/utveckling på ett så ohotande och attraktivt sätt som möjligt.

4. Prata med dem du upplever mest förändringsbenägna och berätta hur du tänker om vad, varför och hur en förändring kan göras.

Mycket I-energi

Är du en person som i många sammanhang känner igen dig själv i beskrivande adjektiv såsom kommunikativ, kreativ, öppen, flexibel, socialt självsäker, positiv och influerande?

Kan det vara så att du inte tycker att du är särskilt pratig, ostrukturerad, självcentrerad, känslostyrd, översäljande, orealistisk eller manipulerande, trots att andra sagt det? Då kan det vara både intressant och givande för dig att läsa om hur du kan balansera din I-energi.

Med mycket I-energi synliggörs dina beteenden som i grunden drivs av att påverka och influera den omgivning du befinner dig i. Där finns många framgångsrika beteenden om du använder dem på rätt sätt. Vanligtvis, beroende på hur kombinationerna ser ut, brukar personer som använder dessa beteenden ha lätt för att vara både positiva och flexibla. De brukar vara mycket inflytelserika när det gäller att sälja in idéer. Och är det någon som lyfter stämningen och får en grupp att se möjligheter, är det troligen en person som använder någon form av beteendemönster från denna energi.

Men vad kan hända när det blir för mycket av det goda? Vad händer när du har så starka I-preferenser att du inte ens märker att dina styrkor blir din akilleshäl?

Jag hittar kreativa lösningar!

Så du gillar att göra skillnad och ser för det mesta befintliga regler som onödigt hindrande? Kanske ser du dem till och med mer som förslag än faktiska regler att förhålla sig till. En preferens som brukar vara extra tydlig när du investerar mycket I- med inslag av D-energi i ditt beteende och samtidigt väldigt lite C-energi.

Ett okonventionellt tänkande har tagit fram många kreativa lösningar på komplexa problem under historiens gång. Individer som spränger gränser är vana att tänka utanför boxen för att nå uppsatta mål. Många uppskattar din förmåga att hitta lösningar genom att aldrig fastna i vad som är möjligt eller inte. Men när riskerar ditt okonventionella beteende att bli bångstyrigt och gränslöst?

Exempel: Du vill sälja något. Det kan vara en tjänst, en produkt eller "bara" en idé som du har. Allt kanske inte är på plats eller genomtänkt, men det spelar ingen roll för det går alltid att ordna på något sätt. Utveckling innebär att tänja på befintliga regler. Om alla tänker innanför boxen kommer inga nya möjligheter att dyka upp. Den enda egentliga regeln som finns är att det inte finns några regler. Det är så innovation föds. När alla följer alla befintliga strukturer, får de också vad de alltid fått. För att hitta lösningar på befintliga problem, går det inte att tänka på samma sätt som skapat dem.

Möjlig förklaring: När du går in med mycket I-energi, inte sällan i kombination med mycket D-energi och med låg nivå av C-energi, blir ditt behov av att tänka utanför befintliga ramar stort. Tillsammans med din drivkraft att få bestämma själv och nå dina egna mål, blir befintliga regler och ramverk något hindrande istället för ett stöd och en garanti för att göra rätt. En god intention bakom ditt fria tänkande är att alltid kunna hitta vägar att lösa problem och nå uppsatta mål, vilket du också många gånger gör, men ibland finns det befintliga strukturer som hjälper mer än stjälper.

Eftersom du sannolikt lättare ser hur saker och ting skulle kunna vara än hur de egentligen är, finns det en risk att du river upp befintliga strukturer som faktiskt är både fungerande och nödvändiga. Samma beteende kan också göra andra osäkra på om det går att lita på dig och de okonventionella lösningar du tillhandahåller. Din önskan om att vara en kreativ person i kombination med rädslan för att bli en paragrafryttare kan bilda en möjlig kärnkvadrant enligt nedan:

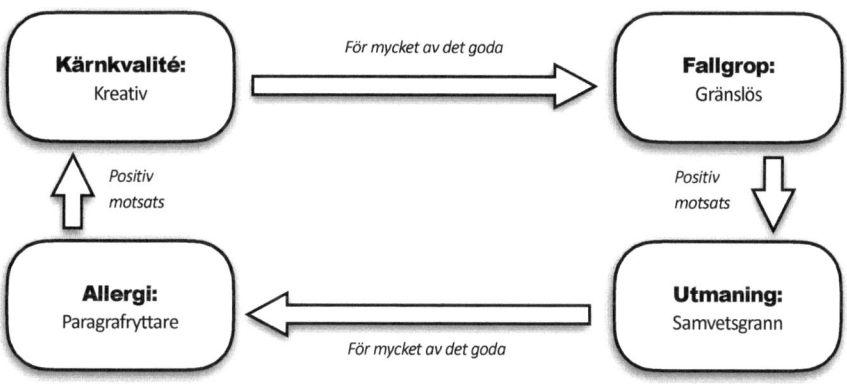

Alternativet: Minska din I-energi och fyll på med en hel del C-energi. På så sätt balanserar du din innovativa drivkraft med en mer konsekvenstänkande attityd. Alla gränser kanske inte är värda att sprängas, eller åtminstone bör du vara noga med att kontrollera om befintliga gränser har ett värde innan du försäger förändra dessa. Tänk på att ditt naturliga

behov av att förändra och utveckla kan bli på bekostnad av redan funge-
rande och stabila miljöer.

Tips: Var nyfiken på det befintliga. För att slippa uppfinna hjulet igen kan
det vara bra att studera hur saker gjorts tidigare och vilka regelverk som
har styrt och möjligen fortfarande styr. För att bli mer konsekvenstänkan-
de coacha dig själv innan du agerar genom att ställa dig följande frågor:

1. Hur ser den befintliga ramen ut?

2. Vad behöver jag ta hänsyn till?

3. Varför vill jag tänja på reglerna?

4. Vilka vinster skulle det kunna ge?

5. Vilka kostnader skulle kunna uppkomma?

6. Hur ser planen ut framåt om jag förändrar förutsättningarna?

Jag är verbal och skarptänkt!

Så du är snabb i tanken och har alltid svar på tal, och det är kul att munhuggas lite, eller hur? När någon säger "A", lägger du lätt till "B". Det är svårt att inte slå in bollen när det är öppet mål. Du tycks per automatik fånga upp alla möjliga saker att spinna vidare på. När andra är svarslösa, har du alltid något att säga. Detta brukar brukar vara en produkt av hög energi i två relativt motstridiga preferenser, I och C.

Med din energifyllt verbala framtoning blir du ofta en person som andra vill följa. Det är i synnerhet konsten att vara energifyllt verbal och samtidigt trovärdig som gör en person inflytelserik i ett sammanhang. Men när kan din naturliga förmåga att influera andra bli något som upplevs som belastande ett påträngande av andra?

Exempel: Din partner kommer hem efter en lång dag och är inte på sitt allra bästa humör. "Chefen fattar ingenting och kollegorna ställer inte upp", eller något annat som du fångar upp och direkt får lite feeling för att reda ut detta tillsammans med din partner. Så du går in i situationen med ditt naturligt snabba, verbala och lösningsinriktade sätt och presenterar massor med bra idéer. Så vad kan gå fel? En hel del faktiskt, i synnerhet om din partner inte är ute efter att få dina skarptänkta lösningar presenterade för sig.

Möjlig förklaring: Med mycket I- tillsammans med inslag av C-energi och samtidigt en låg nivå av S-energi blir det naturligt för dig att se möjligheter och ge subjektiva råd. Din I-energi i kombination med C-energi ger dig en förmåga att se lösningar på det mesta. Det gör att du inte bara snabbt drar slutsatser om vad som kan göras utan också säger det. En stark drivkraft är att få vara bidragande och därför är det svårt att bara lyssna utan att få komma med råd. Med din goda intention att hjälpa till blir du också lätt en fixare eller problemlösare som många vänder sig till, vilket också gör att både ditt behov av att få uppmärksamhet och att få bidra blir tillfredsställda.

När du inte kommer med dina råd kanske du upplever att du varken hjälper till eller är särskilt bidragande, vilket går rakt emot dina drivkrafter. Men faktum är att när du är mer inväntande kan det skapa mer energi och initiativtagande hos andra. Din önskan om att vara en influerande person i kombination med rädslan för att bli passiv i andras ögon kan bilda en möjlig kärnkvadrant enligt nedan:

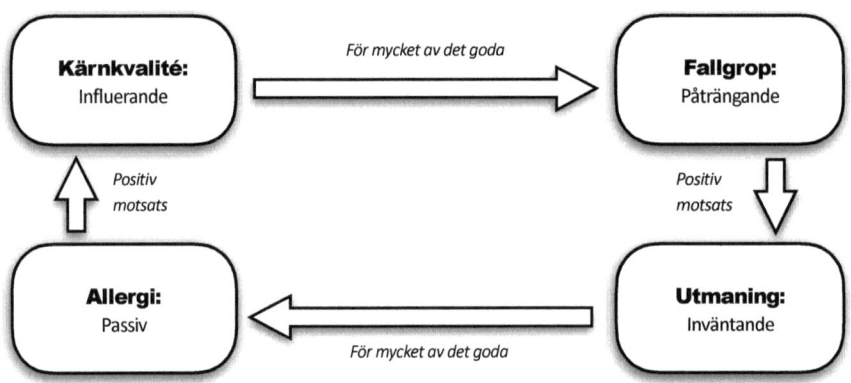

Alternativet: Minska din I-energi och fyll på med en hel del S-energi. Följ din omgivning innan du lägger fram förslag eller löser problem. På det sättet blir du mer ödmjuk och upplevs som mer empatisk. Du behöver inte alltid vara den snabbtänkte som har svar på det mesta. Tänk på att andra kan tystna i din närvaro om du alltid är den som tar initiativ och har svar eller lösningar på allt. Dessutom kan det faktiskt hända att andra väljer att inte bidra eller tänka till själva eftersom du ändå "har lösningen".

Tips: Lyssna utan att försöka komma med en lösning. Du behöver inte ta bollen direkt. Du kan vara aktiv genom att aktivera andra först. För att släppa in och stimulera andra kan du vara lite mer återhållsam med dina tankar i ett initialt läge genom att:

1. Utforska andras upplevelse genom att fråga dem hur de ser på situationen/saken/problemet.

2. Lyssna utan att lägga in dina värderingar. Ställ fler frågor för att förtydliga så att du får en tydlig bild att byta din egen bild med. Bekräfta det du kan från det du hör.

3. Ge din bild. Komplettera, om nödvändigt, med det du ser som andra inte sett.

4. Fråga vad andra kan se för lösningar/har för idéer innan du ger din egen syn på lösning/förmedlar din idé.

Jag bidrar och inspirerar!

Så du gillar att bidra genom att inspirera andra, och var annars gör man det om inte "på scenen"? Genom inspirerande "storytelling" underhåller du ofta din "publik", som till exempel kan vara dina vänner, kollegor eller andra i din närhet. En preferens som brukar vara extra tydlig när du investerar mycket I-energi i ditt beteende och samtidigt har väldigt låga nivåer av både S- och C-energi.

Med din sprudlande framtoning blir du en person som tar plats i ett rum. En person som andra är beredda att lyssna på och bli underhållen av. Kombinationen av en positiv framtoning, verbal skicklighet och en smakfull lättsamhet gör att du ofta bidrar med både energi och inspiration. Men när riskerar du att hamna på "scenen" bara för att du tycker att du måste bidra med något?

Exempel: Du sitter i ett möte med dina kollegor. Det är ett forum där det diskuteras olika utmaningar och hur de kan hanteras. Det är inte ditt specialämne och egentligen kanske du inte har så mycket att säga, men efter en stund sitter du helt plötsligt i centrum och diskuterar. För att sitta och bara lyssna utan att bidra med egna tankar känns helt bortkastat. Problemet är bara att du kanske tar lite för mycket plats. Även om du är inspirerande, tystnar dina kollegor sakteliga i takt med att du bidrar med dina åsikter och målande förslag.

Möjlig förklaring: Med mycket I- med inslag av D-energi är det lätt att "ta hela scenen". Har du samtidigt en låg nivå av S- och C-energi lyssnar du mer utifrån att få bidra med egna idéer än att lyssna för att verkligen förstå. Det är lätt för dig att associera till dig själv utifrån det som diskuteras och ditt sätt att kommunicera handlar till slut mer om att vara centralfigur än att verkligen lyssna.

Med en drivkraft att få vara en bidragande person och en person som gärna står i centrum när du influerar andra, finns det en uppenbar risk att du också tar upp mer plats än vad du egentligen behöver. Inte för att du vill göra det, utan snarare för att du känner dig betydelselös och långt ifrån den inspiratör du vill vara. Din önskan om att alltid vara en bidragande individ i kombination med rädslan för att bli sedd som betydelselös kan bilda en möjlig kärnkvadrant enligt nedan:

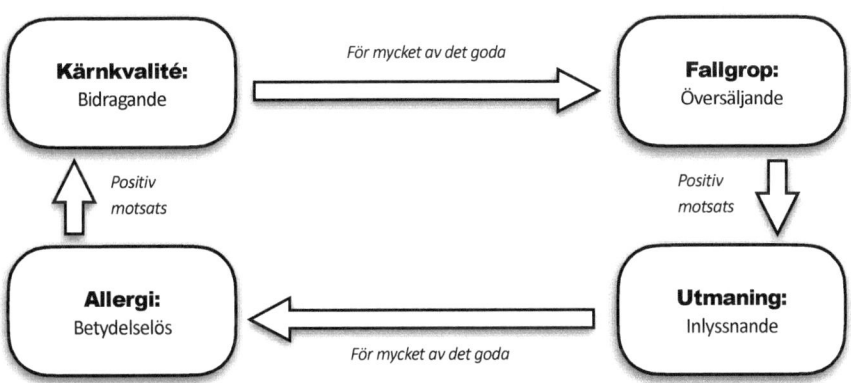

Alternativet: Minska din I-energi och fyll på med en hel del S- och C-energi. Innan du börjar ta plats i samtalet, fundera över vad du kan (eller om du ens kan) bidra med just nu. Kanske är det bättre att du bara lyssnar en stund och tar in lite mer information, även om det är lätt för dig att associera till dina upplevelser och idéer.

Tips: Minska på direktheten i ditt sätt att inspirera andra. Ett sätt att göra det är att ställa fler frågor och lyssna efter vilka idéer andra kan ha. Du kan fortfarande få vara den som inspirerar och kommer med lösningar, men på ett mindre direkt sätt.

Ett lite mindre direkt sätt att inspirera andra är att lägga fram dina egna hypoteser men formulera dem som en sluten fråga, till exempel genom att använda uttryck såsom: *"Skulle det kunna vara så här?" "Kan en lösning vara att … ?" "Vad tänker du om att …?"*

Ett mycket mindre direkt sätt att påverka och inspirera är att börja med att ställa fler öppna frågor istället för att komma med förslag på lösningar. Öppna frågor är mer utforskande och ger mer tid till att kartlägga nuläget. Exempel på öppna frågor är: *"Vad har du hittills gjort i situationen?"*, *"Vilken är den största utmaningen i detta?"* och *"Vad har du kommit fram till så här långt?"*

Ofta kan en kombination av dessa två vara framgångsrikt i ditt sätt att inspirera andra. Börja med att ställa öppna frågor och avsluta med att förmedla lösningar i form av slutna frågor.

Mycket S-energi

Är du en person som i många sammanhang känner igen dig själv i beskrivande adjektiv såsom lugn, planerande, inlyssnande, stabil, diplomatisk, stödjande och lojal?

Kan det vara så att du inte tycker att du är särskilt lång-sam, svårföränderlig, reserverad, envis, konflikträdd, in-väntande eller passiv, trots att andra sagt det? Då kan det vara både intressant och givande för dig att läsa mer om hur du kan reglera din S-energi.

Med mycket S-energi synliggörs dina beteenden som i grunden drivs av att känna av och följa den omgivning du befinner dig i. Där finns många framgångsrika beteenden om du använder dem på rätt sätt. Vanligtvis, beroende på hur kombinationerna ser ut, brukar personer som använder dessa beteenden ha lätt för att vara både stödjande och planerande. De brukar vara mycket lojala när det gäller att genomföra sina uppgifter. Och är det någon som ser till att lyssna till andra människors behov och tillmö-tesgår sin omgivning på bästa sätt, är det troligen en person som använ-der någon form av beteendemönster från denna energi.

Men vad kan hända när det blir för mycket av det goda? Vad händer när du har så starka S-preferenser att du inte ens märker att dina styrkor blir din akilleshäl?

Jag är samarbetade och
i bakgrunden.

Så du är samarbetande och hjälper ofta andra att dra saker i mål? Men själv ställer du dig sällan i rampljuset. Det får andra göra om de har behov av det. Du har andra mer idealistiska mål än att vara en centrumfigur av något slag. Det gör att människor många gånger uppfattar dig som både jordnära och inkännande när du använder mycket av din S-energi och har låga nivåer av I- och D-energi.

Med din ödmjuka framtoning låter du andra synas medan du själv uthålligt arbetar i bakgrunden. Du är prestigelös i den meningen att du inte strävar efter uppmärksamheten men det betyder naturligtvis inte att du inte vill bli uppskattad. Men hellre en klapp på axeln i enrum av dem du arbetar med, än en utmärkelse "på scenen".

Exempel: Du arbetar med ett projekt och dina mer utåtriktade kollegor presenterar projektets olika steg och får (eller tar) en hel del cred för saker du faktiskt gjort. Det hade varit fint att bli omnämnd men de verkar ha glömt bort den stora insats och det grovjobb du gjort för att få detta att rulla. Men du har redan tackat nej till att vara med och göra presentationen så det blir bara besvärligt att påpeka detta för dina kollegor nu i efterhand. Dessutom är du inte en person som klagar, i alla fall inte öppet.

Möjlig förklaring: Med mycket S-energi i kombination med lite I- och D-energi är det lätt att hamna i bakgrunden. Inte för att ditt bidrag inte är betydelsefullt utan snarare för att du ofta tycker att det är pinsamt att få beröm inför andra, i alla fall om det är du som ska vara centralfigur. Tillsammans med andra är det betydligt lättare att ta emot beröm eller vara en bland dem som står i rampljuset.

Med en drivkraft att vara samarbetande, teamtänkande och stödjande kan du uppleva det som fult att lyfta fram det du åstadkommer på egen hand. I synnerhet om du också per automatik slår ifrån dig det beröm du faktiskt förtjänar som enskild person utan att ständigt behöva lyfta in andras prestationer. I din önskan om att vara en samarbetande och lojal person i kombination med rädslan för att bli självisk och arrogant kan bilda en möjlig kärnkvadrant enligt nedan:

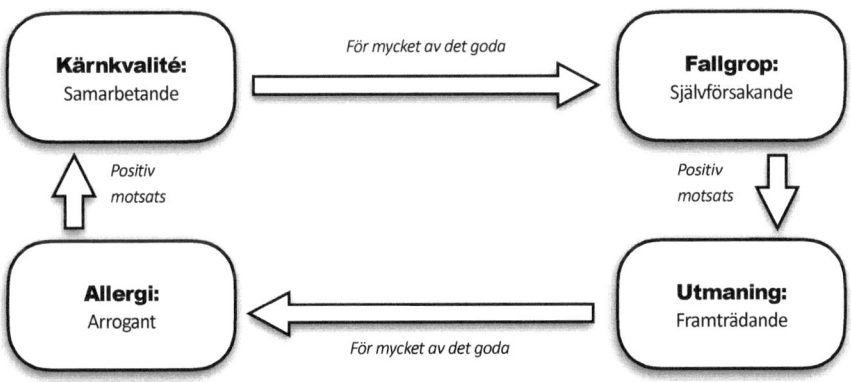

Alternativet: Minska din S-energi och fyll på med en hel del D-och I-energi. Tala om att det var din idé, för fram saker på ditt sätt och innan du automatiskt går in i en stödjande roll. Fundera över vad du har för behov och vad du vill. Fråga dig vad som är viktigt för dig och hur kan du få igenom det du själv vill. Du är varken arrogant eller självisk bara för att du påvisar det du faktiskt gjort eller tar en framträdande roll.

Tips: Det finns många saker du kan göra för att sätta dig själv främst utan att för den skull bli arrogant eller självisk. Här följer några tips:

1. Ta kommando över din inre dialog. Lär dig känna igen när den hindrar dig från att ta plats. Uppmärksamma tankar som "jag ska inte ta för mycket plats i gruppen" och ersätt dem med "jag har mycket att bidra med och bidrar genom att ta plats och visa mig själv".

2. Skriv ned saker du gör själv, kommer på eller för fram till andra och belöna dig själv för det.

3. Börja varje dag med att vara ärlig och fråga dig själv vad du har för behov idag. Ge dig själv samma uppmärksamhet och stöd som du ger andra.

4. Leta efter situationer där du kan öppet ge förslag och bidra med din kunskap inför andra. Tag scenen, du behöver inte vara orolig att du tappar din ödmjukhet om du känner igen dig i denna utvecklingspotential. Du har en lång väg att gå innan du upplevs som självisk.

5. Fråga om andras åsikter och samla kunskap från människor omkring dig. Det är inte förbjudet att hämta både inspiration och information från andra för att göda sina egna tankar och idéer.

6. Sätt upp dina egna mål. Även om du arbetar i ett team, sätt och och fokusera på personliga mål.

Jag är empatisk och möter andras behov.

Så du är verkligen en empatisk och god lyssnare, att vara egoistisk och påstridig är verkligen så långt ifrån dig själv som du någonsin kan komma? Om fler kunde vara lite mer hänsynstagande skulle världen vara en smula bättre, eller hur? En preferens som brukar vara extra tydlig om du investerar mycket S-energi i ditt beteende samtidigt som du har väldigt lite av D- och C-energi.

Med ditt stödjande förhållningssätt är det lätt för dig att hoppa in där det behövs. Du har lätt att känna av och anpassa dig efter den person du just nu befinner dig med. Att vara inlyssnande och ställa upp för andra är som ett kall, men att själv be om hjälp är oftast inte lika naturligt för dig. Det gör att du ibland prioriterar ned dig själv och till och med identifierar dig mer med andras mål än dina egna.

Exempel: En vän som just brutit upp med sin sambo frågar dig om du skulle kunna hjälpa hen att rensa ut i sin källare, samtidigt som du vet att du egentligen behöver prioritera dig själv och dina egna behov just nu. Tänk om hen ändå förstod att du egentligen inte har tid att hjälpa till just nu. Men du säger ingenting eller låter dig övertalas att hjälpa till, för du är en person som ställer upp för dina vänner, ingen egoist som bara tänker på sig själv och sätter sina egna prioriteringar främst.

Möjlig förklaring: Med mycket S- och väldigt lite D-energi ser du dig själv som en mycket tillmötesgående person. Att vara inkännande och förstående är av högsta prioritet, även om det skulle kunna medföra att du själv får tränga undan dina egna behov. Med egna behov satta långt ned på prioritetslistan finns ofta också en tro om att andra gör likadant. Det finns det dessvärre ingen garanti för.

Med en drivkraft i att vara en empatisk individ som aldrig är direkt mot andra, kommer du också att utgå från att andra agerar på det sättet. Så istället för att vara rak och tala om dina egna behov, kan du inombords bli arg när andra inte uppmärksammar de behov du själv borde ha uttryckt. Din önskan om att vara en empatisk person i kombination med rädslan för att bli uppfattad som hänsynslös kan bilda en möjlig kärnkvadrant enligt nedan:

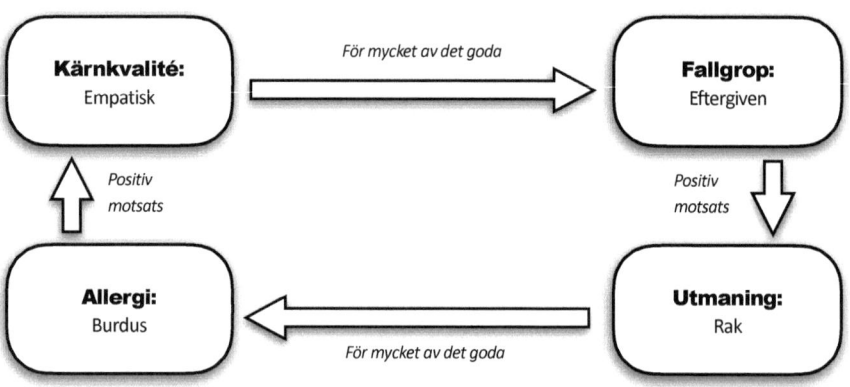

Alternativet: Minska din S-energi och fyll på med en hel del D-energi. Bestäm dig för vad du vill och tycker, tänk inte så mycket på vad andra möjligen kan känna kopplat till det. Du kommer inte att tappa din empatiska förmåga bara för att du står upp för vad du vill. Du behöver inte alltid vara den som tänker på andra i första hand. Tänk på att andra kan använda din empatiska approach för egen vinning, i synnerhet om de själva är egocentrerade. Dessutom missar andra att få ta del av det du vill och tro det eller ej, men du har sannolikt bra saker att komma med som ibland inte får utrymme på grund av att du kanske omedvetet tillåter andra ha tolkningsföreträde i en rädsla för att bli framfusig eller burdus.

Tips: Kom först och främst ihåg att du troligen är väldigt långt ifrån att uppfattas som burdus om du uppfattar dig själv som en empatisk person som ibland kan tendera att bli eftergiven. Du kan troligtvis spänna bågen rejält när det gäller att bli mer rak och direkt. Här kommer några saker du kan göra:

1. Sätt tydliga gränser. Det är viktigt att veta vad du är och inte är villig att acceptera, och att tydligt kommunicera dessa gränser till andra. Detta kan hjälpa dig att hävda dina behov och önskemål på ett respektfullt och mer självsäkert sätt.

2. Använd "jag"-uttalanden. Använd dessa för att uttrycka dina känslor och åsikter. Välj att uttrycka, "Jag känner mig frustrerad när jag inte är inkluderad i beslutsfattandet" istället för att tänka "Hoppas du du förstår att jag känner mig ignorerad".

3. Ta ansvar för dina behov. Uttryck vad du vill, även om du känner att du ska hjälpa andra. Skapa "vinna-vinna"-strategier istället för "jag måste ställa upp"-strategier. Ha ett fokus på att du likväl som andra ska vinna i situationen.

Jag planerar och genomför planen.

Så du gillar att ta bort all osäkerhet och ha tydliga svar? Har du en god och välplanerad idé, finns det inget större behov av att utforska andra och kanske mer osäkra idéer, eller hur? En preferens som brukar vara extra tydlig när du har mycket S- i kombination med D-energi, ofta tillsammans med låg I-energi.

Du ser till att idéer blir till konkreta aktioner och planeras med god framförhållning. Många uppskattar dig för ditt välplanerade och tydliga arbetssätt som drar saker hela vägen in i mål. Men när blir vägen så självklar att du inte ens överväger att utforska andra möjligheter att uppnå uppsatta mål?

Exempel: Du har tillsammans med ditt team gjort en tydlig planering inför en aktivitet. En av dina kollegor kommer med ett förslag som skulle få en betydande förändring för planen. Du reagerar direkt och ifrågasätter om ni verkligen ska ändra nu när ni kommit överens om en gemensam väg framåt. Detta kommer bara att ställa till saker och rucka på den stabilitet och förutsägbarhet som den lagda planen har. Situationen blir så frustrerande för dig och du märker inte att du slutar lyssna på de idéer som förs fram. Ditt primära och kanske enda fokus är på att genomföra det ni redan kommit överens om.

Möjlig förklaring: Med mycket S-energi i kombination med låg I-energi blir din önskan om att vara en pålitlig genomförare stark. I kombination med rädslan för att bli uppfattad som oberäknelig kan du bli både rigid och envis i din framtoning. Det är givetvis en styrka att kunna vara dedikerad och genomföra det som bestämts. Men just den envisheten kan också innebära att det blir svårt för dig att avvika från något du bestämt dig för och i förändringar behövs planen nästan alltid justeras på ett eller annat sätt.

Din önskan om att vara både pålitlig och trygg i kombination med rädslan för att vara oberäknelig och inte känna den trygghet du kan känna i en välplanerad och stabil plan kan bilda en möjlig kärnkvadrant enligt nedan:

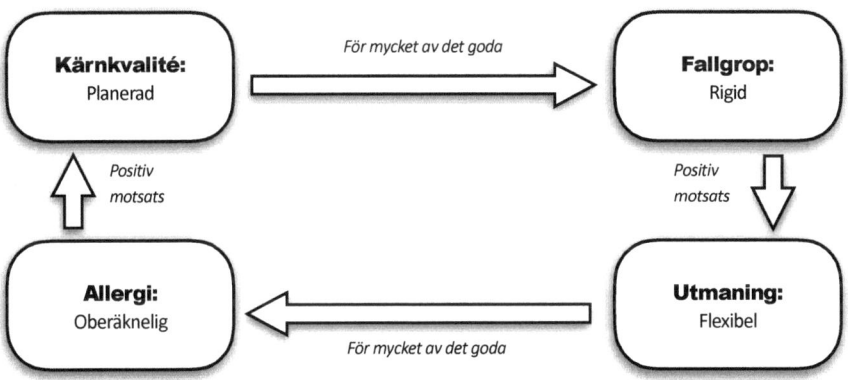

Alternativet: Minska din S-energi och fyll på med en hel del I-energi. Du kan skapa en beredskap att hantera det oförutsedda genom att redan i förväg simulera vad som skulle kunna hända och hur du då skulle vilja kunna hantera det utan att bli fastlåst i att det måste vara på ett visst sätt. Ett vanligt misstag människor ofta gör när de upplever att de inte längre har den stabilitet de önskar är att göra ännu mer. Men istället för att försöka lägga till något mer när planen inte går som du tänkt, är det ibland bättre att ta bort något och omprioritera. Att förenkla saker betyder inte att du struntar i den planering du gjort. Det betyder bara att du bygger in en flexibilitet och för tillfället minskar komplexiteten i din plan.

Tips: Vi lever i en föränderlig värld och många hävdar att vi inte behöver lära människor att hantera förändring utan att snarare leva i ständig förändring. För att du inte ska bli för envist fasthållande och riskera att bli rigid i din önskan om att hålla fast vid en plan som behöver förändras kan du:

Reflektera i förväg på vad som skulle kunna hända som också kan rucka den uppsatta planen. När du går igenom olika utfall innan de hänt, skapar du också en större beredskap att vara flexibel när det som bäst behövs.

"Kill your darlings", även om du tycker att allt borde gå planenligt, gör det sällan det när människor är inblandade. Var beredd på att du ibland kanske måste ta bort det du kämpat mest för att behålla. För att få det resultat du i slutändan önskar behöver du ibland tänka om och tänka nytt, även om det känns som att du tar bort essensen i din plan.

Mycket C-energi

Är du en person som i många sammanhang känner igen dig själv i beskrivande adjektiv såsom analyserande, noggrann, precis, genomtänkt, formell, detaljerad och förutseende?

Kan det vara så att du inte tycker att du är särskilt försiktig, petig, kritisk, besserwisser, känslokall, ifrågasättande eller negativ, trots att andra sagt det? Då kan det vara både intressant och givande för dig att läsa om hur du kan reglera din C-energi.

Med mycket C-energi synliggörs dina beteenden som i grunden drivs av att tillmötesgå omgivningens befintliga regler och strukturer. Där finns många framgångsrika beteenden om du använder dem på rätt sätt. Vanligtvis, beroende på hur kombinationerna ser ut, brukar personer som använder dessa beteenden ha lätt för att vara både analyserande och rationella. De brukar vara mycket noggranna när det gäller att genomföra sina uppgifter. Och är det någon som ser till att ta reda på vilka styrande principer som behövs följas ut och medvetandegöra risker, är det troligen en person som använder någon form av beteendemönster från denna energi.

Men vad kan hända när det blir för mycket av det goda? Vad händer när du har så starka C-preferenser att du inte ens märker att dina styrkor blir din akilleshäl?

Jag fixar till misstag direkt.

Så du gillar att snabbt analysera varför det inte blev som du tänkt dig och sedan fixa till det? Varför vänta när man kan fixa det direkt, eller hur? En preferens som brukar vara extra tydlig när du har mycket D- och C-energi, ofta i kombination med låga nivåer av både I- och S-energi.

Många uppskattar dig för din handlingskraftiga attityd tillsammans med din förmåga att vilja övervinna problem och hinder. Det är skönt att kunna lita på en person som alltid angriper uppkomna problem och sällan ger sig förrän de är lösta. Men när blir du så fokuserad på dina egna lösningar att du glömmer bort att att lyssna på eller ens fråga om andras idéer?

Exempel: Någonting har inte gått enligt plan. Du vill direkt lösa problemet men av okontrollerbara orsaker går det inte att lösa direkt. Istället för att låta det vara, går du och tänker på det du ändå inte kan lösa just nu. Du ältar och ifrågasätter varför du inte gjorde annorlunda från början. Kanske skuldbelägger du dig själv för att du varit oförutseende, slarvig, lat eller ogenomtänkt. Du är ingen loser som andra kan utnyttja. Dessutom är du smart, ingen slumpmässig vindflöjel som lever på hoppet.

Möjlig förklaring: Med mycket C- tillsammans med D-energi blir det viktigt för dig att kontrollera din omgivning och samtidigt undvika att göra fel. Tillsammans med en låg S-energi, som bidrar till din otålighet och starka handlingskraft, blir det svårare att acceptera det du inte kan kontrollera eller rätta till saker direkt. Istället för att släppa det du inte kan påverka just nu, lägger du din mentala energi på att oroa dig i onödan vilket får dig att agera med ett starkt fokus på att fixa problemet. En möjlig kärnkvadrant som skulle kunna spegla grunden till detta beteende är:

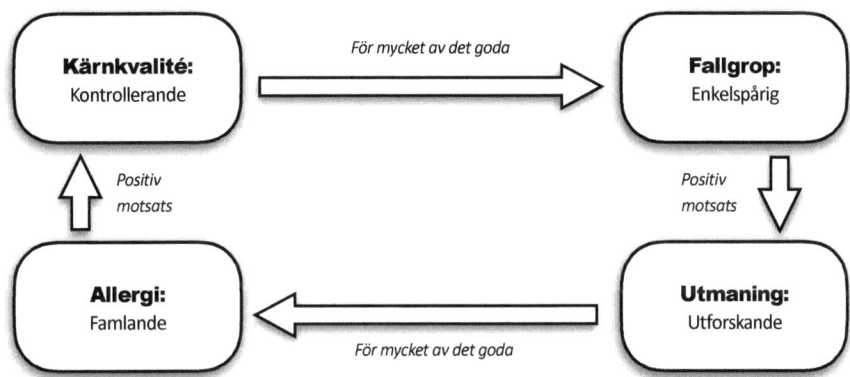

Alternativet: Minska din C- och D-energi och fyll på med S-energi. Beröm dig själv för din vilja att snabbt fixa saker och upprätthålla en god standard. Men om du inte kan rätta till det som blivit fel just nu, finns det egentligen ingen anledning till att lägga mental energi på något som inte kommer att förändras förrän du kan påverka situationen igen. Och troligtvis kommer du bli rätt missnöjd med resultatet om du också i ett negativt känslomässigt tillstånd försöker rätta till det som gått fel.

Tips: Använd din energi konstruktivt. Du behöver inte agera alls om du faktiskt ändå inte kan påverka situationen just nu.

1. Fråga dig själv vad som är påverkbart och var du bättre kan rikta den energi du just nu lägger på att göda din oro och frustration.

2. Andas och lägg lite tid på att planera hur du vill angripa eller kan lösa situationen på bästa sätt.

3. Var mer relationsinriktad och vänd dig utåt, kontakta någon du känner, kanske finns det både hjälpsamma idéer och verktyg i din närhet. Du behöver inte fixa allt själv på en gång och dina vänner kommer inte tycka att du är jobbig om du för en gång skull ber dem om råd eller hjälp.

Jag vet vad jag pratar om.

Så du gillar att vara påläst och och genomtänkt innan du diskuterar något och ger din åsikt? Något annat är egentligen otänkbart och det borde det rimligtvis vara för alla som har någon form av seriös ambition, eller hur? En preferens som brukar vara extra tydlig när du har mycket C-energi i kombination låg nivå av I-energi. Många uppskattar dig också för din förmåga att alltid veta vad du pratar om och dina precisa och logiska förklaringar. Det är betryggande att kunna lita på att en person inte häver ur sig något på en höft. Men när blir du så fokuserad på att ha belägg för det du säger att du missar de kreativa och utforskande diskussionerna?

Exempel: Du ombeds ge din syn på något du inte hunnit sätta dig in i helt och hållet. Din drivkraft att säga genomtänkta saker som du sedan slipper ta tillbaka får dig att tveka, även om du spontant skulle kunna ha en åsikt. Men istället för att uttrycka din spontana åsikt blir du ifrågasättande och kritisk till att behöva ge en åsikt omkring något som du inte fått fullständig information om. Du är ingen åsiktsmaskin som bara vräker ur sig något utan att vara väl genomtänkt och ha tydliga bevis som stärker din åsikt. Folk som bara tycker saker till höger och vänster finns alldeles för gott om och du vill definitivt inte vara en sådan.

Möjlig förklaring: Med mycket C-energi, ibland också tillsammans med mycket S-energi men framförallt i kombination med mycket låg I-energi blir det viktigt för dig att uttrycka dig genomtänkt och välformulerat. Av rädsla för att uppfattas som oseriös eller ogenomtänkt undviker du att ge en spontan åsikt som faktiskt skulle kunna vara hjälpsam och möjlig att sedan modifiera vid behov. Det kan göra så att du fastnar i problemet med informationsbrist istället för att ta diskussionen framåt utifrån den information du har just nu. En möjlig kärnkvadrant som skulle kunna spegla grunden till detta beteende är:

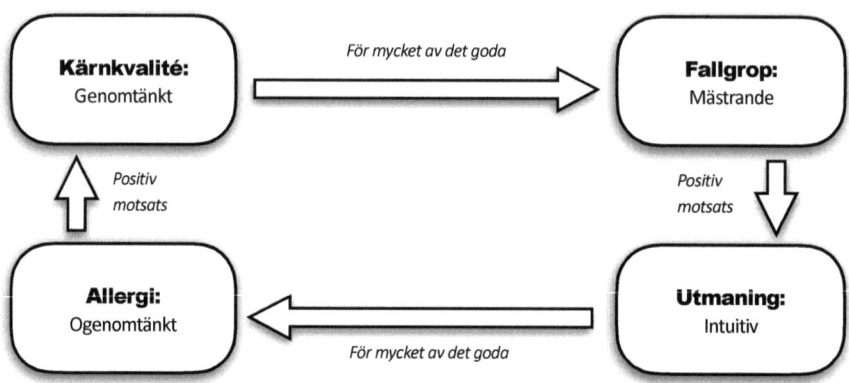

Alternativet: Minska din C-energi och fyll på med I-energi. Våga lita på din intuition (jo, du har också en sådan). Det är en värdefull egenskap att alltid säga rätt saker. Att uttrycka det som känns rätt just nu behöver inte vara lika med osmart eller ogenomtänkta uttalanden. Troligen är det bättre att i dagens snabba tempo säga något som du senare till viss del får revidera än att aldrig säga något av rädsla för att det du säger kan komma att kritiseras. Visa att du är beredd att prova en idé utan att helt och hållet tänka klart eller beakta alla möjliga perspektiv. Var beredd att bli ifrågasatt och visa att du inte behöver strida för att ha rätt i något som presenterats på idéstadiet för någon annan. Kom ihåg att någon som ifrågasätter en idé (inklusive du själv), är mycket sällan ute efter att göra ett personangrepp.

Tips: Även om det kan kännas som om du går rakt emot dina principer om att inte säga något förhastat, kommer du och andra att vinna på att du ibland lättar lite på den principen, i synnerhet när det inte går att veta allt innan ni startar något. För att minska risken att andra ser dig som en besserwisser eller bromskloss och samtidigt känna dig mindre hotad vid kritik, kan du lägga fram idéer som du inte helt tänkt klart omkring genom att exempelvis använda följande fraser:

"Jag är inte helt färdigtänkt här men jag tror …"

"Nu uttrycker jag spontant vad jag tänker, men jag kan behöva tänka lite mer på det …"

"Utan att ha alla fakta på plats, tycker jag ändå att …"

"Utifrån det jag ser just nu, tänker jag att …"

"Låt oss prova med beaktande att vi inte har alla fakta på bordet."

Jag gör det korrekt från början.

Så du gillar att göra saker rätt och undvika misstag? Varför riskera att göra fel när man ändå kan tänka till och göra rätt från början, eller hur? Det är både tidskrävande och irriterande att behöva göra om saker när de skulle kunna vara korrekt gjorda från början. En preferens som brukar vara extra tydlig när du har mycket C-energi i kombination av en låg nivå av I- och D-energi. Det kanske också är an av dina mest uppskattade egenskaper, i synnerhet eftersom andra i din närvaro vet att de kan lita på att du förutsett vad som behöver göras. Men när blir du så fokuserad på att göra rätt att din perfektionistiska ådra hindrar dig från att komma vidare i ett arbete?

Exempel: Du blir ombedd att lämna in ett förslag på någonting. Det kan vara allt från ett planerat reseförslag till din partner till en presentation av företagets senaste produkt för en kund. Ditt behov av att göra rätt från början och inte lämna något åt slumpen gör att du sitter lite (eller mycket) för länge med din planering. Precis när du känner att du är klar, kommer du på något du inte tänkt på som förlänger ditt arbete ytterligare. Du vill verkligen inte lämna något åt slumpen eller bli kritiserad för att inte tänkt på allt.

Möjlig förklaring: Med mycket C-, ibland tillsammans med S-energi, blir det är extra viktigt för dig säkerställa att allt görs så bra som möjligt och utefter en noggrann planering. Tillsammans med en låg D-energi, som förstärker till ditt behov av att inte kasta dig in i saker utan att ställt tänka efter före, blir det svårare att agera utan att veta att det du gör blir exakt som du tänkt dig. Av rädsla för att lämna ifrån dig eller agera utifrån nå-

got som inte i detalj är genomarbetat fastnar du istället i perfektionistfäl-
lan. Livrädd för att uppfattas som en ogenomtänkt och i värsta fall slarvig
person, är risken stor att du sitter och petar i detaljer som igen kommer
att lägga märke till och sannolikt inte kommer att göra ditt arbete särskilt
mycket bättre. Sannolikheten är att det faktiskt endast blir sämre ef-
tersom du troligen ändrar sådant som var gott nog redan innan och inte
tillför helheten något värde. En möjlig kärnkvadrant som skulle kunna
spegla grunden till detta beteende är:

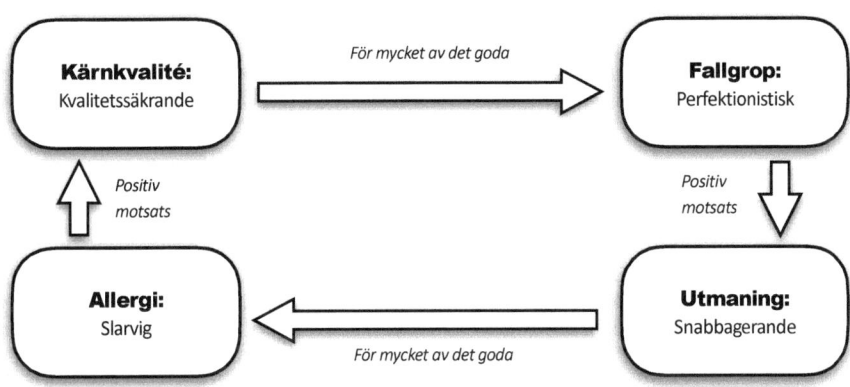

Alternativet: Minska din C- och S-energi och fyll på med D-energi för att
komma framåt utan att fastna i detaljer. Att vara för perfektionistisk är
ofta kontraproduktivt, framförallt eftersom det kan leda till onödig stress
och hindrar dig från att göra framsteg i den takt du vill. Genom att agera
snabbare och inte fastna i detaljerna, kan du ta vara på möjligheter som
kanske inte är tillgängliga om du väntar för länge. Visa att du är beredd
att gå framåt i en snabbare takt genom att lägga mindre tid på att göra
allt perfekt direkt. Du kommer sannolikt inte att ses som slarvig bara för
att varenda liten detalj inte är på plats.

143

Tips: Definiera dina standarder, eller be andra specificera vad de önskar, för att hjälpa dig att se och skapa en "tillräckligt bra"-standard som i sin tur hindrar dig från att överarbeta saker.

1. Fundera på det du faktiskt gör och hur mycket tid du lägger på att göra det perfekt. Hur lång tid ska det behöva ta för att bli tillräckligt bra?

2. Reflektera över om den tid du lägger ned verkligen är i paritet med det resultat du åstadkommer. Vad blir din ROI (return of investment)? Ditt nedlagda jobb borde korrelera med det resultat du får. Om du spenderar tre timmar på en detalj som andra kanske inte märker eller inte påverkar resultatet märkbart, är det då värt att lägga den tiden?

3. Be om feedback från andra för att få ett perspektiv utifrån.

Här är det som är bra att komma ihåg

- Vi har alla medvetna och undermedvetna drivkrafter och rädslor som gör att vi behåller och befäster vissa beteenden.

- Oönskade beteenden är möjliga att förändra om du:
  1. Uppmärksammar och erkänner att du har dem.
  2. Reflekterar över vad som gör att du bibehåller dem.
  3. Ser vinsten i att förändra dem.
  4. Har mer attraktiva beteenden att ersätta dem med.

- Att förändra eller utveckla ett befintligt och naturligt beteende tar tid, speciellt om det är en del av det du kallar din personlighet.

- Det finns ingen poäng i att förändra ett beteende som ger dig det resultat du önskar, men likväl kan ett fungerande beteende stå i vägen för ett beteende som skulle kunna ge dig ett ännu bättre resultat.

- Våra naturliga beteendepreferenser är både våra styrkor och kan bli våra svagheter när de överanvänds.

- Om vi kan hitta en balans mellan de kärnkvalitéer våra naturliga beteendepreferenser ger oss och de utmaningar de kan kompletteras med, ökar våra medvetna val av beteenden i givna situationer.

DU 2.0

Do. Or do not. There is no try.
Yoda

När du läser detta sista kapitel, finns det två stora insikter som det är bra om du bär med dig. De kommer att hjälpa dig att hitta en balans i de beteendeförändringar du eventuellt skulle vilja göra. Samtidigt kommer de också att bekräfta att du är mer än bara ditt beteende och bidra till din förståelse för att ökad beteendeflexibilitet tar tid att utveckla.

Insikt 1: Det finns ingen anledning att ersätta ett beteende med ett motsatt beteende. Om du är ärlig mot dig själv, hur är du som person och vilka är dina mest naturliga beteendepreferenser? Om du är rak och direkt kanske du vill utveckla din mer inlyssnande sida. Det betyder dock inte att du ska bli en professionell terapeut utan definitiva egna åsikter. Du kanske är en reserverad och korrekt person som vill utveckla en mer inspirerande och öppen framtoning. Gör det och kom samtidigt ihåg att du inte behöver bli en världskänd inspirationsföreläsare för det.

Insikt 2: Du kommer inte att bli en annan person om du utvecklar beteenden som inte är vanemässiga och som inte ligger nära dina naturliga beteendepreferenser, även om det nästan kan upplevas så. Det är naturligt att känna "det här är inte jag" när du använder beteenden som ligger långt från din autopilot. Men som du redan vet, är rena känslor utan inslag av rationella tankar ingen bra bedömare av vem du är som person. Bara för att det kan kännas energikrävande betyder det inte att det inte är värt mödan att utveckla den delan av dig själv.

Det finns ingen utveckling i bekvämlighet

Du har förmodligen vid vissa tillfällen ställt dig frågan: "Varför händer detta alltid mig?" De flesta av oss har nog gjort det från gång till annan och det är absolut inget konstigt med det. Det som däremot kan tyckas vara märkligt är möjligen att vi många gånger endast suckar och går vidare utan att ta tanken längre än så. Sedan fortsätter vi glad i hågen att upprepa ett mindre hjälpsamt beteende som genererar samma slutresultat – "varför händer detta alltid mig?"

Redan 2001 skrev jag om det engelska ordet "Responsibility" i boken *Tänk om – att arbeta med social kompetens i skolan*. Ordet översätter vi på svenska oftast till ansvar, något som naturligtvis är mycket viktigt och relevant, både när vi tänker på oss själva och i relation till andra. Men då som nu tycker jag att det blir än mer intressant om man väljer att dela upp ordet i två ord "response" och "ability". På svenska alltså något i stil med *förmågan att välja reaktion*. Förmågan att välja reaktion är nämligen en synnerligen användbar kompetens. Den ger dig möjligheten att proaktivt ta ansvar för dina handlingar och våga göra egna val och välja reaktion i den miljö du befinner dig i.

Med en proaktiv inställning ökar du dina chanser att välja reaktioner och aktioner. För att du ska kunna göra fler aktiva val och samtidigt vara mindre reaktivt styrd, behöver du som tidigare sagts först och främst känna igen, förstå och acceptera dina typiska reaktioner. Återigen, det är inte alltid så lätt eftersom du nästan aldrig tänker på dina vanemässiga reaktioner. De bara finns där. Och även om du känner till att dina typiska beteendemönster kan medföra nackdelar, är risken rätt stor att du ger efter för dessa eftersom de både är invanda och bekväma att använda. Trots att detta faktum definitivt inte är något nytt under solen, verkar vi människor inte ta några jättekliv i att förändra oss själva på denna punkt. Historien upprepar sig själv och detsamma tycks också gälla våra naturliga beteendemönster.

Människor är lata av naturen, eller åtminstone energiminimerande varelser. Det gör att våra vanemässiga beteenden blir mer attraktiva eftersom de kostar mindre energi att använda. Det innebär i sin tur att om ett beteende som kräver mycket psykisk energi har konkurrens av ett annat mer energisparande alternativ, kommer vi per default använda det minst energikrävande alternativet. Detta gäller tyvärr även om det innebär att vi minskar chanserna att nå våra mål. Men det ska också sägas att om vi verkligen vill förändra ett invant beteende tycks det vara på samma sätt som med vår muskulatur: ju mer vi tränar på något, desto enklare blir det nya att utföra. Tyvärr tar det ofta lite längre tid att ändra vanemässiga beteenden än vad många är beredda på. Förmodligen är det också därför vi ibland ger upp innan vi gett oss själva en riktig chans att göra en reell förändring.

Trots att vi kanske lär oss hur vi ska undvika fallgropar och utveckla framgångsstrategier är det ändå inte sällan ett gap mellan vad vi tänker att vi vill göra och vad vi faktiskt gör. När vi gör någonting trots att vi vet att det faktiskt inte tar oss dit vi vill, eller till och med är kontraproduktivt, kan vi alltid skylla på att "sådan är jag". "Sådan är jag" är en enkel strategi som vi använder när vi komfortabelt vill hålla någon yttre kraft eller något medfött icke förändringsbart ansvarig till varför vi inte kan ändra på oss själva, även om vi säger eller tänker att vi vill göra det. Och det är fullt förståeligt, i synnerhet om vi tror att vi måste bli en annan person för att ändra våra vanemässiga beteenden.

För att förstå devisen "lätt i teorin men svårare i praktiken", kan vi återvända till datormetaforen som tidigare beskrivits. Du vet förmodligen själv hur mycket lättare det är att installera en ny app på din telefon och hur mycket längre tid det tar att uppdatera hela eller delar av operativsystemet när så behövs. Vårt eget operativsystem, den djupare delen av vår personlighet tar också längre tid att förändra. Sedan blir det inte lättare av att vårt operativsystem har inbyggda rädslor som göra att det är ännu svårare att uppgradera det. Genom DISC-teorin kan vi urskilja fyra övergripande rädslor som kan hindra oss från att utveckla vår beteende-flexibilitet.

1. *Rädslan för att bli utnyttjad eller tappa kontrollen är oftast väldigt tydlig hos dig med en stark D-preferens.* Det innebär att varje utvecklingssteg som skulle kunna tolkas som ett hot mot att kontrollera det du vill eller bestämma själv blir ett energikrävande utvecklingssteg. Det är därför svårare för dig att utveckla följsamhet eller att låta dig påverkas av andra, eftersom det i praktiken skulle kunna tolkas som om att du inte når de resultat du vill när du själv inte är den som bestämmer.

2. *Rädslan för att vara betydelselös eller bli illa omtyckt är oftast väldigt påtaglig hos dig med en stark I-preferens.* Det innebär att varje utveck-lingssteg som skulle kunna tolkas som ett hot mot att vara omtyckt eller vara bidragande blir ett energikrävande utvecklingssteg. Det är därför svårare för dig att utveckla återhållsamhet eller att ta emot kritik, ef-tersom det i praktiken skulle kunna tolkas som om att du är betydelselös när du inte är framträdande och får beröm.

3. *Rädslan för att inte bli accepterad eller förlora tryggheten är oftast mycket framträdande hos dig med en stark S-preferens.* Det innebär att varje utvecklingssteg som skulle kunna tolkas som ett hot mot att ha en stabilitet i tillvaron eller vara accepterad blir ett energikrävande utveck-lingssteg. Det är därför svårare för dig att utveckla direkthet eller att kon-frontera andra, eftersom det i praktiken skulle kunna tolkas som om att du riskerar att hamna i konflikt och bli utesluten när du utmanar eller konfronterar andra.

4. *Rädslan för att göra fel eller inte leva upp till krav är oftast mycket signi-fikant hos dig med en stark C-preferens.* Det innebär att varje utveck-lingssteg som skulle kunna tolkas som ett hot mot att göra rätt eller vara korrekt blir ett energikrävande utvecklingssteg. Det är därför svårare för dig att utveckla riskbenägenhet eller att genomföra något du saknar in-formation om, eftersom det i praktiken skulle kunna tolkas som om att du

riskerar att göra fel när du själv riktigt vet vad som gäller eller förväntas av dig.

Ett snabbt och effektivt sätt att reflektera över vilka rädslor som skulle kunna hindra dig från att utveckla din beteendeflexibilitet, eller göra dina utvecklingssteg mer energikrävande, är att ställa dig följande frågor baserat på Ofmans Kärnkvadrant:

Vilka av dina mest framträdande beteenden skulle du sakna som mest om de försvann? Svaret på denna fråga ger dig en indikation på vilka beteenden du verkligen ser som dina kärnkvalitéer. Det är också beteenden du medvetet och undermedvetet kommer att kämpa för att inte förlora. Om den förändring du vill göra utmanar eller försvagar existensen av något av dessa beteenden, kommer din rädsla att motverka förändringen.

Vilka negativa beteenden kan du missa att se hos dig själv och även ha överseende med när andra använder? Svaret på denna fråga ger dig information om vilka negativa beteenden du kan förvränga och se som positiva.

Vilka beteenden kan du beundra hos andra och vet att du själv skulle tjäna på att utveckla men ändå inte lyckats utveckla så mycket som du önskar? Svaret på denna fråga visar dig vad som kommer att kosta mycket energi att utveckla och troligen kommer att ge dig störst effekt.

Vilka beteenden retar du dig på mest hos andra och själv skulle avsky att uppvisa? Svaret på denna fråga ger dig insikt om vilka egenskaper du lättast förknippar med något negativt och sannolikt också är mest rädd att andra ska uppfatta dig som. Rädslan för att uppvisa detta kan också vara det som undermedvetet hindrar dig från att utveckla det du mest av allt skulle behöva utveckla.

Vem sitter bakom ratten?

De flesta av oss vill inte, och kan faktiskt inte heller, bli någon annan än den vi är. Men likväl kan och kommer alla (ja, jag säger alla) att utvecklas oavsett de vill eller inte. Den stora skillnaden är huruvida en människa kommer att vara en person som proaktivt styr sin utveckling eller någon som reaktivt utvecklas utifrån inställningarna hos sin autopilot.

Att bara vara den du är och låta autopiloten styra är såklart minst energikrävande, men också minst utvecklande. Att utvecklas är lika naturligt som det är onaturligt att inte kämpa emot utvecklingen, åtminstone när det gäller att förändra (läs: utveckla) sina naturliga beteendemönster. Som tidigare diskuterats, formas dina mest naturliga beteendepreferenser troligen ganska tidigt, även om din personlighet mest sannolikt fortsätter att utvecklas under hela ditt liv. När forskare testat människors uppfattning om sig själva och sin personlighet i longitudinella studier[42] står det tämligen klart att de flesta människor förändrar synen på sin personlighet utifrån var i livet de befinner sig. Samtidigt finns vissa djupt rotade och synliga preferenser väldigt tydligt kvar.

Oftast används Big Five[43] för att kartlägga vilka personlighetsdrag som över tid i livet förändrar sig eller inte. Till exempel verkar graden av egenskaperna samvetsgrannhet, extraversion och öppenhet öka i takt med ålder. Detta beror sannolikt på att många får en mer ansvarstagande roll, ibland både inom arbetet och familjen. Men lika intressant är det dock att studera om, eller hur, detta visar sig i konkreta beteendepreferenser. Ett alltid lika aktuellt exempel för mig i mitt arbete är nytillsatta ledare. En nytillsatt ledare är många gånger en individ som med stor sannolikhet känner att den fått en mer ansvarstagande roll. Inte sällan

---

[42] En *longitudinell studie* är en undersökning över en viss tid där man följer upp studieobjekten och gör upprepade mätningar på dem. Inom psykologin kan det till exempel innebära personer som vid en tidpunkt i livet genomför ett personlighetstest och vid en senare tidpunkt i livet genomför samma personlighetstest och sedan jämför resultaten.

[43] *Big Five* se sidan 6

upplever nytillsatta ledare också att rollen kräver ett både mer extrovert och samtidigt samvetsgrant beteende. Kanske ändras synen på en själv som ledare efter en tid, men sannolikt kommer vi fortfarande att kunna se en stor skillnad på hur två personer som i grunden har väldigt olika beteendepreferenser i sin ledarroll. En ledare med starkare C-preferenser kommer att agera på ett visst sätt för att visa sig vara extrovert och samvetsgrann, medan en ledare med naturligt mycket starkare I-preferenser kommer att agera annorlunda för att visa samma egenskaper. Det är oftast detta som gör att många ledare känner sig mer eller mindre bekväma i en ledarroll. Det är alltså inte förståelsen för vilka egenskaper som är önskvärda i rollen som brister, utan snarare den kognitiva dissonansen[44] som uppstår när ledaren inte tycker sig kunna vara sig själv i rollen. Kognitiv dissonans uppstår ofta när en person gör eller förväntas göra något som inte överensstämmer med den egna autopiloten eller andra drivkrafter såsom till exempel värderingar, övertygelser och egna ideal.

Om du verkligen vill utvecklas och i realiteten kommer att förändra något i ditt beteende, handlar i grund och botten om de svar du ger på följande fyra frågor:

1. Vad vill jag förändra i mitt beteende?
2. Är det något jag tror att jag kan förändra?
3. Kan jag se mig själv agera på ett annat sätt?
4. Är jag beredd att anstränga mig tillräckligt mycket för att förändras?

Avsaknad av motivation är alltid ett stort hinder för utveckling. Om du svarar nej på fråga två eller tre bör du fokusera på något annat än det du säger att du vill förändra just nu. Det finns troligtvis varken tro eller motivation att göra detta nu. Alternativt är du för rädd för att utveckla egenskaper som går rakt emot den du i grund och botten ser dig själv vara.

---

[44] *Kognitiv dissonans* är den obehagskänsla som uppstår när vi har flera motsägelsefulla idéer eller viljor samtidigt. Teorin säger att vi människor generellt vill minska dissonansen och gör det genom att motivera våra handlingar, klandrar andra eller förnekar uppenbara saker.

Oavsett om det handlar om din motivation, tron om att det är möjligt eller en rädsla för att bli någon du inte vill vara, kommer ingen signifikant förändring att ske om du tvekar att svara ja på fråga två eller tre.

Ett annat vanligt hinder för reell förändring är en avsaknad av förändringsstrategi. I de allra flesta förändringsarbeten är det bra att börja i en vision, en idealbild av hur du vill vara. Men lika viktigt, när det gäller beteendeförändring, är att verkligen kartlägga och framförallt acceptera nuläget. Över tid behöver du hitta sätt att förankra din beteendeförändring och göra användandet av dina utvecklade preferenser till en vana.

Ett tredje stort hinder för att lyckas med att utveckla en större beteendeflexibilitet är att gå från en ytterlighet till en annan. Du kommer garanterat att lyckas bäst om du kan dela upp ditt slutmål i delmål. Att lyckas ger energi till att fortsätta. Om du börjar med det som känns allra svårast, är risken stor att du inte får det resultat du önskar och speciellt inte inom den tidsram du satt upp. Ju tuffare utmaningen är, desto längre tid tar det oftast innan du får det resultat du önskar. Som ordspråket lyder: Det går inte att äta en elefant i en tugga.

I slutändan är det viktigt att förstå att förändring tar tid och kräver både tålamod och uthållighet. Att identifiera och övervinna hinder som bristande motivation, avsaknad av förändringsstrategi och att gå från en ytterlighet till en annan är nödvändigt för att nå dina mål. Genom att bryta ner dina mål i mindre delmål och fokusera på stegvisa förbättringar kan du öka dina chanser att lyckas och göra beteendeförändringarna till en hållbar vana. Kom ihåg att förändring är möjligt, men det kräver ansträngning och uthållighet för att nå önskade resultat.

GROW

Jag hade vid ett tillfälle en klient som ville visa mer känslor än vad han han gjorde med sin "autopilot" påslagen. För att ge honom en ärlig chans att verkligen förändras var det viktigt att börja med att ställa ett antal frågor till honom. Detta för att både konkretisera hans önskan och för att göra den mer greppbar. Följande frågor var hjälpsamma för att förstå och definiera hans mål och motivation:

1. Vad betyder "visa mer känslor" för dig?
2. I vilka situationer vill du visa mer känslor?
3. Hur mycket känslor visar du idag på en skala 1–10?
4. Vad hindrar dig från att visa mer?
5. Vad skulle kosta minst energi för dig att göra för att komma ett steg närmare att visa mer känslor i de situationer du vill göra det?
6. Är du beredd att prova?
7. När skulle skulle du kunna börja med prova att göra det?

Bara genom att ställa föregående frågor skapade vi bättre förutsättningar för att få honom att klargöra för sig själv vad han ville uppnå, men även klargöra om han verkligen ville göra förändringen och om det var värt insatsen. En snabb check likt denna kan ibland avslöja en falsk motivation, eller att personen inte strävar mot ett mål som inte är ett eget mål.

Om ditt mål är tillräckligt viktigt för dig och du tycker det är värt insatsen för att nå ditt mål, kan GROW vara en bra modell att använda för att skapa en plan för förändring. Du kanske redan vet att GROW-modellen frekvent används av coacher såväl som konsulter för att hjälpa kunder och klienter att åstadkomma förändring och nå uppsatta mål. Den fungerar genom att vägleda dig att överväga dina frågor på ett organiserat sätt för att utveckla dina egna lösningar. Jag vill betona *egna lösningar*, till skillnad från att bli tillsagd av andra hur du ska göra. Det är många gånger nyckeln till förändring om du redan har en inre motivation. När du själv definierat dina mål och strategier för att uppnå dem är det mycket mer troligt att du kommer att nå ditt önskade resultat.

För dig som inte kommit i kontakt med modellen tidigare, står förkortningen GROW för *Goal*, *Reality*, *Obstacles/Options* och *Way Forward*. Grundtanken med GROW-modellen är att strukturera upp sina tankar och skapa en handlingsplan framåt genom att bearbeta sin plan genom de olika stegen i modellen. Egentligen är GROW-modellen en process och hur väl du definierar dina tankar på ett steg kommer att påverka nästa steg i modellen. Till exempel: om du inte definierar ditt mål tillräckligt noga, kommer du inte kunna mäta att du uppnår det du vill. Om du inte kartlägger var du befinner dig idag och vilka eventuella hinder som kan stoppa dig från att göra en förändring, minskar chansen att utveckla en tillräckligt bra strategi för att gå framåt mot ditt mål. De olika stegen kan i korthet definieras på följande sätt:

G (goal) är målet du vill uppnå. Det här är slutpunkten, där du vill vara, ditt önskade läge. Målet ska alltid definieras så att det är mycket tydligt för dig och så att du vet när du har uppnått det.

R (reality) är verkligheten som du upplever den just nu. Det här är egentligen hur långt du är från att nå ditt mål. Om du skulle titta på alla steg du behöver ta för att uppnå ditt mål, skulle din verklighet vara lika med antalet steg du har slutfört hittills. Ibland kan det förstås vara lika med noll steg, men för det mesta har du gjort något för att ta dig närmare det du vill.

O (obstacles/options) är de hinder och möjligheter som finns. Det finns saker som hindrar dig från att komma från där du är nu till dit du vill vara. För ska vi vara riktigt ärliga hade du redan nått ditt mål om det inte fanns några hinder. Nåväl, när du har identifierat hindren behöver du hitta sätt att hantera dem om du ska göra framsteg. Det är dina möjligheter, dina alternativ att ta dig framåt mot ditt mål.

W (way forward) är de konkreta aktioner du ska göra för att nå ditt mål. De möjligheter du tagit fram när du eliminerat hindren behöver omsättas i konkreta aktioner för att något ska hända. Detta är det som på riktigt gör att du kommer framåt från ditt nuläge och närmare ditt mål.

Tänk tillbaka på den klient jag tidigare nämnde, han som ville visa mer känslor. Vi hade tillsammans gjort en kort avstämning för att förtydliga vad det betydde för honom, i vilka situationer han ville visa mer känslor, hur det var då och hur mycket han ville samt hur beredd han var att pröva. Det fanns en bra grund för att starta en utvecklingsprocess med hjälp av GROW-modellen. Genom att, som ordspråket lyder, äta en elefant i bitar lyckades han genom målsättning, upprepad övning och uppföljning, justera sin autopilot och utveckla ett beteende som upplevdes mer empatiskt av andra och som också blev en naturlig del av hans sätt att förhålla sig till andra. Det gav honom också inte bara ett önskat resultat utan också som en bonus en mindre rädsla för sin allergi "att bli en mjukis" och en större förståelse för behoven som han tidigare inte sett eller förkastat hos andra.

En sund självinsikt är alltså nyckeln till personlig utveckling och framgång. Kom dock ihåg att alla beteenden fyller en funktion, annars skulle de inte existera. Att försöka eliminera dina "sämre sidor" kan leda till att du tappar bort din autenticitet och förmåga att använda dina reella styrkor på ett effektivt sätt. Istället bör du balansera dina styrkor genom att utveckla en motpol som kompletterar dem. Om du till exempel är en driven person kan du arbeta med att öka din förmåga att lyssna på andra och samarbeta med dem. Om du är kreativ, kan du arbeta med att förbättra dina organisatoriska färdigheter. Styrkor är inte till för att elimineras, de är till för att balanseras.

Med detta sagt kommer jag nu en sista gång att upprepa en enkel men väldigt viktig slutsats. Även om ingen modell kan beskriva hela vår personlighet eller ge dig svar på vilka val du gör i varje situation, kan DISC och Kärnkvadranten hjälpa dig att beskriva dina olika beteendepreferenser på ett icke-dömande sätt. Att betrakta dina typiska preferenser som en naturlig "defaultinställning" som går att ändra på gör det också mycket lättare att acceptera dina typiska beteenden, även då de inte ger dig de resultat du önskar. Men framförallt ger det dig möjligheten att göra medvetna val att använda dem eller använda mindre använda mönster som kanske i en viss situation ger ett bättre resultat.

Till sist, kom också ihåg att dina "allergier" kan hindra dig från att utveckla det du som mest behöver för att få ett önskat resultat. Är du till exempel rädd för att bli för dominant har du troligen en utvecklingspotential i att bli mer bestämd, samtidigt som du också är väldigt långt ifrån att använda beteenden som skulle kunna uppfattas som dominant. Så sätt dig i förarsätet, plocka ut dina mest framträdande preferenser och syna dem genom dina drivkrafter och rädslor. Förändra, förädla eller förvalta dina preferenser, men lämna dem inte oreflekterade.

ÖVNINGAR

Känna igen preferenser

Efter att ha läst boken har du förhoppningsvis en tydlig bild över de fyra grundpreferenserna, samt vad de höga respektive låga nivåerna representerar för konkreta beteenden. Så varför inte prova dina kunskaper? Beskrivningarna nedan är gjorda utifrån verkliga personer som gjort en DISC-analys och sedan blivit beskrivna av sina kollegor. Prova dina kunskaper genom att försöka utläsa på vilken nivå deras energi ligger i varje färg. Du får skatta personens preferenser utifrån tre parametrar; hög, låg eller medel (där du i texten inte kan utläsa preferensen som varken hög eller låg). Motivera vilka indikationer i beskrivningen som får dig att göra ditt val. Känner du dig osäker, ta hjälp av beskrivningarna i kapitlet *Autopiloten*. Svaren finner du efter den sista beskrivningen.

Exempel 1: Albin är en självstartande och initiativtagande säkerhetschef. Han söker alltid efter nya och mer effektiva arbetssätt i sin yrkesroll. Att få bestämma själv är viktigt för honom. Han driver sina egna idéer och är inte rädd för att ta en konflikt om det behövs. En del av hans arbetskamrater tycker att han ibland är otålig och att han då sällan lyssnar på andras åsikter. Ibland kallas han för en oberäknelig ångvält eftersom han gör på sitt sätt och verkar se regelverket mer som ett förslag än som regelverk.

Vilken nivå av energi tror du att han har i respektive preferens?

D:	Hög	Medel	Låg
I:	Hög	Medel	Låg
S:	Hög	Medel	Låg
C:	Hög	Medel	Låg

Exempel 2: Jenny är en lojal administratör som för det mesta tar sig tid att lyssna in vad andra har att säga. Hon är noggrann och planerande och tycker inte om när människor inte håller sig till det som är överenskommet. Andra tycker att hon ibland är otydlig med vad hon vill. Men för henne handlar det om att hon ogillar förhastade beslut och att hon gärna vill diskutera igenom saker med andra eftersom det gynnar alla.

Vilken nivå av energi tror du att hon har i respektive preferens?

D:	Hög	Medel	Låg
I:	Hög	Medel	Låg
S:	Hög	Medel	Låg
C:	Hög	Medel	Låg

Exempel 3: Arash är en öppen och inbjudande chef. Han har lätt för att prata med sina medarbetare och tar för det mesta initiativet och syns och hörs i sitt team. Men även om han tar en hel del plats, är han noga med att det han säger ska sägas med noggrannhet och eftertanke. Ibland verkar han dock bli ganska känslostyrd. En del tycker att han är svår att förstå då han ibland verkar vara en riktig "people person" men i nästa sekund vara betydligt mycket mer rationell och regelstyrd. Konflikter är bland det värsta han vet.

Vilken nivå av energi tror du att han har i respektive preferens?

D:	Hög	Medel	Låg
I:	Hög	Medel	Låg
S:	Hög	Medel	Låg
C:	Hög	Medel	Låg

Exempel 4: Tove är en mycket ambitiös och viljestark IT-tekniker som gärna vill vara med hela vägen från start till mål i ett arbete. För henne är det viktigt att avsluta det hon påbörjat. En av hennes största styrkor är balansen mellan att visa empati och driv. En del kollegor tycker att hon är envis och svår att få lära känna som person eftersom hon inte är särskilt öppen. Men för Tove handlar det mer om integritet och jobbfokus.

Vilken nivå av energi tror du att hon har i respektive preferens?

D:	Hög	Medel	Låg
I:	Hög	Medel	Låg
S:	Hög	Medel	Låg
C:	Hög	Medel	Låg

Exempel 5: Elin är en öppen och driven projektledare. Hon har lätt för att starta upp nya saker och influera andra att följa med på resan. Hon blir ofta frustrerad på att saker går för långsamt men försöker alltid förstå och stödja medarbetare som inte riktigt hinner med. En del av hennes medarbetare tycker dock att hon lämnar dem lite för fria i deras arbete. Själv tycker hon dock att det är friheten som skapar möjligheterna. Kanske är det också därför hon ibland kan uppfattas som lite otydlig.

Vilken nivå av energi tror du att hon har i respektive preferens?

D:	Hög	Medel	Låg
I:	Hög	Medel	Låg
S:	Hög	Medel	Låg
C:	Hög	Medel	Låg

Svar på exemplen

Exempel 1, Albin: D = hög, I = låg, S = låg och C = låg

Exempel 2, Jenny: D = låg, I = medel, S = hög och C = medel

Exempel 3, Arash: D = låg, I = hög, S = låg och C = hög

Exempel 4, Tove: D = hög I = låg, S = hög och C = medel

Exempel 5, Elin: D = medel, I = hög, S = låg och C = låg

Kärnkvadranter

Skapa dina egna kärnkvadranter. Du kan välja att starta i vilken som helst av boxarna. Gå tillbaka till sidan 66 om du känner dig osäker på innehållet i respektive box.

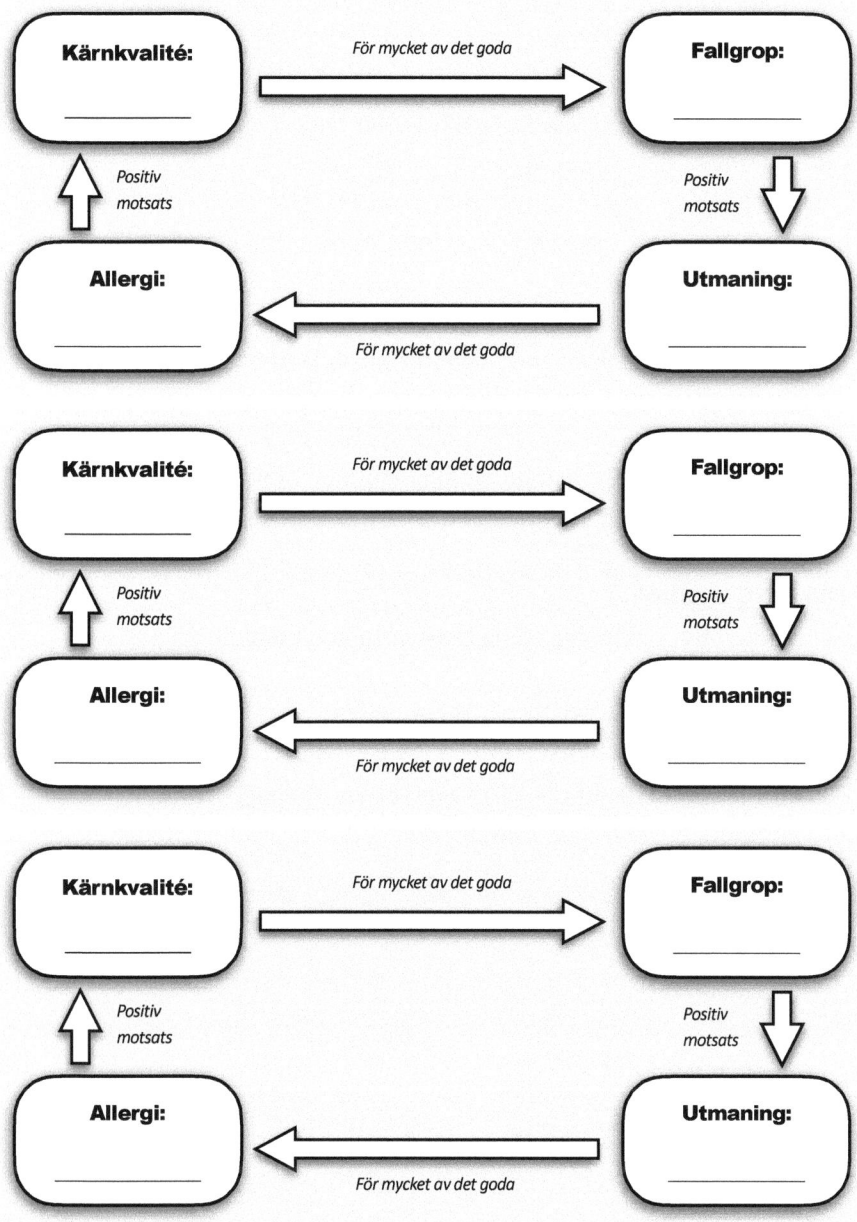

Miniövningar för personlig utveckling

Efterföljande övningar är utformade för att hjälpa dig att reflektera över dig själv på ett lättsamt och nyfiket sätt. Hur "lättsamt" det faktiskt känns kan förstås variera beroende på dina preferenser. De är designade som kort reflektioner för att ge dig enkla och användbara insikter.

Kärnkvalitetskompassen

Syfte: Kartlägga hur dina kärnkvaliteter fungerar i olika områden av livet. Instruktioner:

1. Rita en kompass med fyra riktningar: Arbete, Relationer, Fritid, och Utveckling.

2. Placera dina kärnkvaliteter, fallgropar, och utvecklingsområden i de riktningar där de är mest relevanta.

3. Fundera över vilken riktning som kräver mest fokus just nu.

Din DISC-dagbok

Syfte: Identifiera mönster i dina beteenden och reaktioner.

1. För en dagbok i en vecka där du noterar:
a) Situationer där din DISC-profil märktes tydligt.
b) När du upplevde att din kärnkvalitet blev en fallgrop.
c) Hur du hanterade dessa situationer.

2. Reflektera över vad du lärde dig om dig själv under veckan.

Kärnkvalitéer i dina relationer

Syfte: Utforska hur dina kärnkvaliteter påverkar dina relationer och identifiera balanspunkter.

1. Välj en viktig relation i ditt liv (kollega, vän, partner).

2. Skriv ner:
   a) Vilken kärnkvalitet du oftast använder i denna relation.
   b) Hur den kvaliteten stärker er relation.
   c) Hur den ibland kan bli en fallgrop.

3. Fundera på:
   a) Vad kan du göra för att använda kärnkvaliteten mer balanserat?
   b) Hur kan du lyfta fram den andras kärnkvaliteter?

Relationskartan

Syfte: Kartlägga dina relationer och identifiera utvecklingsmöjligheter.
Instruktioner:

1. Rita en karta med dig själv i mitten och placera de viktigaste personerna i ditt liv runt omkring dig. De som står dig närmast placeras närmare mitten. Relationer som känns mer distanserade placeras längre bort.

2. Reflektera över följande:
a) Vilka relationer vill du stärka?
b) Vad kan du göra för att förbättra eller fördjupa dessa relationer baserat på dina preferenser och de personer du vill stärka relationen till?

3. Skriv ner konkreta steg du kan ta för att utveckla de relationer som är viktigast för dig.

VIDARELÄSNING

Alessandra, T. & O'Connor, M. (2004) *The Platinum Rule: Discover the Four Basic Business Personalities and How They Can Lead You to Success.* Warner Business Books

Bonnstetter, B. J., Bonnstetter, R. D. & Schwefel, S. (2014) *The Art of Working with People: A Primer on Personality Styles.* Target Training International

Bonnstetter, B. Suiter J. Widrik, R. (1993) *The Universal Language.* Target Training International,

Cloninger, S. (2008) *Theories of Personality.* Prentice Hall

Duhigg, C. (2012) *The Power of Habit.* RH Books

Geier, G. Downey, D. (1989) *Energetics of Personality.* Aristos Publishing House

Griffiths, B. Kaday, C. (2004) *Grow Your Own Carrot.* Personal Solutions Publishing

Littauer, F. (1992) *Personality Plus: How to Understand Others by Understanding Yourself* Revel

Ofman, D (2001) *Core Qualities - a Gateway to Human Resources.* Scriptum Publisers

Ofman, D. (2019) *Core Qualities and the Core Quadrant.* Core Quality International

Ofman, D. (2009) *Fancy Meeting Me Here: The Nature of Networks and the Fate of Humankind.* Greenleaf Publishing Ltd.

Rosenberg, M. & Silvert, D. (2011) *Taking Flight!: Master the DISC Styles to Transform Your Career, Your Relationships...Your Life.* FT Press

Sjödin, L (2025) *DISC - en stilstudie av beteenden kommunikation och påverkanspsykologi.* BoD

Suiter, J. (2012) *Take People With You: The Only Way to Make BIG Things Happen.* Wiley